OCÉAN ARCTIQUE

EUROPE

ASIE

OCÉAN
PACIFIQUE

OCÉAN
INDIEN

OCÉANIE

OCÉAN ARCTIQUE

ANTARCTIQUE

CONCEPTION ET DIRECTION ÉDITORIALE :
Galia Lami Dozo - van der Kar

RÉALISATION ET MISE EN PAGE :
Roland Nellissen

RÉDACTION :
Yves Van de Casteele

RELECTURE :
Saffran Wyatt, Brigitte & Jean-Pierre Selvais, Isabelle Van Walleghem

VÉRIFICATION DES TEXTES :
Émile Mérenne

RECHERCHE DE PHOTOS :
Sabrina Collart, Cécile Marbehant, Galia Lami Dozo

COUVERTURE :
Cécile Marbehant

CRÉDITS PHOTOGRAPHIQUES :
COREL STOCK PHOTO : LIBRARY 1, LIBRARY 2, LIBRARY 3 ET LIBRARY 4 • AUTHOR'S IMAGE : WORLD'S LANDSCAPES (PHOTOGRAPHIÉ PAR MICKAEL DAVID) • PHOTODISC 5 : WORLD COMMERCE AND TRAVEL,
EVERYDAY ANIMALS, LIONS, TIGERS AND BEARS • DIGITAL VISION : WILD THINGS, LIFE UNDERWATER, AMAZING CREATURES, JUST ANIMALS, LITTLE CREATURES, KIDS STUFF • HEMERA : PHOTO-OBJECTS
CARTOGRAPHIE :
CARTES RÉALISÉES D'APRÈS GEOATLAS ".COM 2002 " GRAPHI-OGRE

Mon premier
ATLAS
illustré

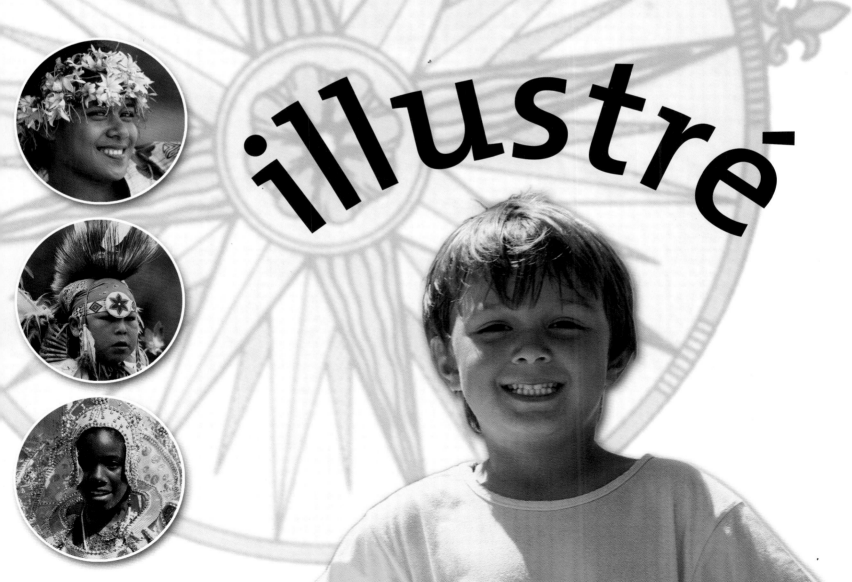

SOMMAIRE

La Terre vue d'en haut

Le système solaire

Le système solaire est formé d'une étoile, le Soleil, entourée de 9 planètes. Le Soleil est une énorme boule de gaz qui brûle en dégageant de la chaleur et de la lumière.

Les 9 planètes se divisent en 2 grandes familles : les planètes telluriques et les planètes gazeuses.

Les planètes « telluriques » sont petites et ont une surface solide. Mercure, Vénus, la Terre et Mars, les 4 planètes les plus proches du Soleil, sont des planètes telluriques ; Pluton, la dernière et la plus petite planète du système solaire, a elle aussi une surface solide. Les planètes « gazeuses » sont constituées de gaz qui entourent un noyau solide, elles sont beaucoup plus grandes. Jupiter, Saturne, Uranus et Neptune sont les 4 planètes gazeuses.

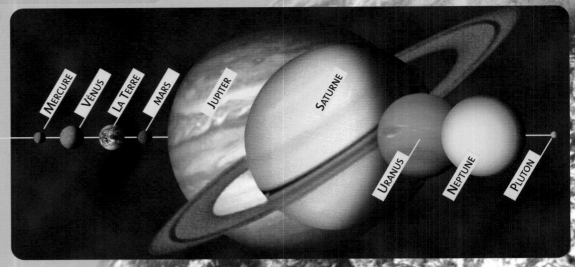

LE SOLEIL — MERCURE — VÉNUS — LA TERRE — MARS — JUPITER — SATURNE — URANUS — NEPTUNE — PLUTON

La Terre toute petite dans l'Univers

Le Soleil et ses 9 planètes font partie, avec 10 milliards d'autres étoiles, d'un ensemble plus grand appelé « galaxie ». Elle n'est pas unique et forme, avec environ 1 milliard d'autres galaxies, «l'Univers », qui est l'ensemble le plus grand que nous connaissions dans l'espace. La Terre et le Soleil sont donc minuscules par rapport à la taille de l'Univers.

La Terre tourne sur elle-même et autour du Soleil

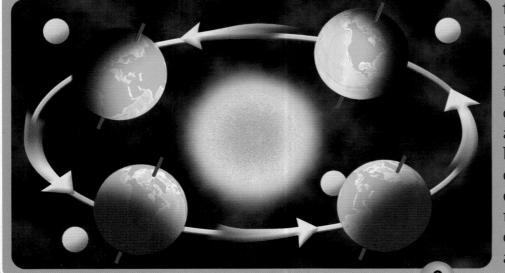

La Terre tourne sur elle-même, on dit qu'elle fait un mouvement de rotation sur elle-même ; ce mouvement dure 24 heures ce qui délimite la durée d'un jour sur la Terre. Tout en effectuant cette rotation, la Terre tourne également autour du Soleil, on dit qu'elle fait un mouvement de révolution autour du Soleil. Il faut 365 jours un quart à la Terre pour faire le tour du Soleil, ce qui délimite la durée d'une année. Tous les quatre ans, on a une année bissextile pour rattraper le quart de jour que l'on perd chaque année. Le mois de février compte alors 29 jours au lieu de 28 habituellement.

Une année, quatre saisons

Comme tu le vois sur le schéma précédent, la Terre est inclinée par rapport au Soleil. Les rayons du Soleil ne nous arrivent donc pas toujours avec la même inclinaison, ils chauffent plus fort en été qu'en hiver, ce qui détermine les 4 saisons que nous connaissons dans nos régions tempérées.

Chaque saison dure trois mois, le printemps du 21 mars au 21 juin, l'été du 21 juin au 21 septembre, l'automne du 21 septembre au 21 décembre et l'hiver du 21 décembre au 21 mars.

La Lune

La Lune est le seul satellite naturel de la Terre, cela signifie que c'est le seul objet qui tourne naturellement autour de la Terre. La surface de la Lune est recouverte d'une épaisse couche de poussière et remplie de cratères* causés par la chute de météorites*. La Lune ne produit pas de lumière, elle réfléchit la lumière qu'elle reçoit du Soleil vers la Terre, comme un miroir. La Lune met 28 jours pour tourner autour de la Terre et autant de temps pour tourner sur elle-même. Elle nous montre donc toujours la même face.

L'atmosphère

Une planète bleue

Les deux tiers de la surface de la Terre sont couverts par les mers et les océans. Les continents et les îles ne représentent donc qu'un tiers de la surface de la planète. C'est pourquoi on appelle souvent la Terre la planète bleue.

La Terre est entourée par une couche de gaz épaisse de près de 1 000 km qu'on appelle l'atmosphère.

Elle contient principalement de l'azote* et de l'oxygène*. L'oxygène est fabriqué par les plantes qui captent du gaz carbonique et libèrent de l'oxygène. Cet oxygène indispensable à notre vie ne constitue pourtant que 20% de l'air et se trouve concentré dans les 10 premiers kilomètres de l'atmosphère.

La croûte terrestre

Le manteau

Le noyau externe

Le noyau interne

Le rayon de la Terre mesure 6 370 km. La croûte terrestre, sur laquelle nous vivons, est solide et profonde de l'ordre de 30 à 70 km, cela représente moins que la pelure d'une pomme par rapport à l'ensemble du fruit.

En dessous, jusqu'à 2 900 km de profondeur s'étend le manteau, il est visqueux (ni solide, ni liquide) et constitué d'un mélange de roches solides et de roches fondues (magma), la température y atteint 3 700 °C.

Ensuite, jusqu'à 5 000 km de profondeur se trouve le noyau externe, il est liquide. Enfin, le noyau interne est solide, il contient une grande quantité de fer et la température au centre de la Terre dépasserait les 4 000 °C.

La dérive des continents

-220 000 000

Il y a 220 millions d'années, tous les continents étaient rassemblés en un seul bloc appelé « Pangée », l'ensemble des mers formait un immense océan, « Panthalassa ».

Il y a 180 millions d'années, la Pangée s'est divisée en 2 continents qui se sont mis à dériver* à la surface de la Terre comme un bateau sans équipage sur l'océan. La « Laurasie » au nord était formée de l'Amérique du Nord, de l'Europe et de l'Asie. Le « Gondwana » au sud contenait l'Amérique du Sud, l'Afrique, l'Inde, l'Australie et l'Antarctique.

-180 000 000

Environ 35 millions d'années plus tard, l'océan Atlantique a commencé à s'ouvrir pour séparer l'Amérique du Nord de l'Europe et de l'Asie, d'une part et l'Amérique du Sud de l'Afrique, d'autre part.

Il y a 60 millions d'années, les 2 Amériques étaient encore séparées et l'Inde n'était pas encore entrée en collision avec l'Asie, l'Amérique du Nord n'était plus attachée à l'Europe que par le Groenland.

-145 000 000

-60 000 000

Petit à petit, les différents continents ont pris leur place actuelle pour donner à la Terre le visage que nous lui connaissons aujourd'hui. Ces mouvements sont très lents, par exemple l'Europe et l'Amérique du Nord s'écartent de 3 cm par an. Cela veut dire que si Christophe Colomb refaisait son voyage aujourd'hui, environ 510 ans plus tard, il devrait parcourir 15 mètres de plus qu'en 1492.

2003

Aujourd'hui, 6 continents sont répartis à la surface de la Terre, il s'agit des Amériques du Nord et du Sud, de l'Europe, de l'Asie, de l'Afrique, de l'Océanie et de l'Antarctique.

L'océan Atlantique est limité par les 2 Amériques d'un côté et l'Europe et l'Afrique de l'autre côté. L'océan Indien est bordé par l'Afrique, l'Asie et l'Océanie tandis que l'océan Pacifique sépare l'Asie des 2 Amériques. Tu ne dois pas oublier que la Terre est ronde et que les extrémités ouest et est de la carte ci-contre se rejoignent.

La croûte terrestre bouge sans cesse

La croûte terrestre est formée d'une dizaine de grandes plaques qui portent les continents et les océans. Ces plaques bougent sans cesse les unes par rapport aux autres. Certaines de ces plaques se séparent car au fond des océans se trouvent des chaînes* de montagnes volcaniques qui écartent les plaques. D'autres se rejoignent au niveau des fosses océaniques qui peuvent atteindre 10 000 m de profondeur et qui agissent comme des escalators en aspirant le fond des océans.

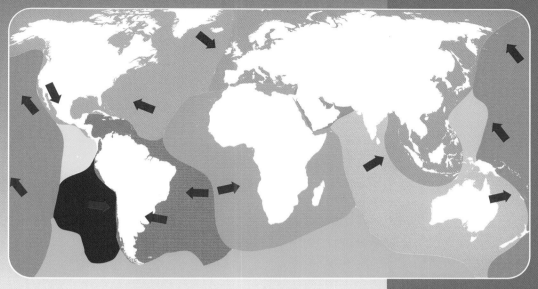

Les mouvements des plaques sont très lents mais brusques, les tremblements de terre sont le résultat souvent dévastateur que nous percevons de ces déplacements. La surface de la Terre se transforme tous les jours sans que nous nous en rendions compte.

Les volcans

Les volcans avec leur forme de cône surmonté d'un cratère, sont des sortes de cheminées en contact direct avec le manteau situé en dessous de la croûte terrestre. La lave* constituant le manteau monte et jaillit à la surface de la Terre à des températures variant entre 800 et 1 200 °C. Le volcan éjecte aussi de nombreux gaz parfois très dangereux pour la santé, mais souvent inoffensifs comme la vapeur d'eau. Enfin, des cailloux, des cendres ou des blocs de rochers sont également crachés par le volcan.

Certains volcans peuvent rester endormis pendant plusieurs dizaines d'années et se réveiller lors d'éruptions* très violentes et très destructrices. D'autres volcans comme l'Etna en Sicile, sont en éruption continue.

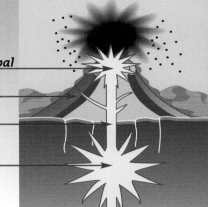

Cratère principal
Cratère latéral
Cheminée
Chambre magmatique

Les montagnes

Lorsque 2 plaques de la croûte terrestre se rencontrent, cela provoque des collisions violentes dont les montagnes sont la trace à la surface de la Terre. Si 2 plaques de continents se cognent, cela donne une chaîne de montagnes sans volcans comme l'Himalaya en Asie. Si une plaque continentale rencontre une plaque océanique, cela peut provoquer l'apparition de montagnes volcaniques comme la cordillère des Andes en Amérique du Sud.

Les Alpes et les Pyrénées sont le résultat de la collision entre l'Afrique et l'Europe. Ce mouvement continue aujourd'hui, ces montagnes sont donc toujours en train de s'élever.

La Terre de nos ancêtres

Les Grecs, vers 600 avant J.-C., supposaient que la Terre était une plate-forme reposant sur les océans; ils étaient persuadés que s'ils arrivaient au bout de la mer, ils tomberaient dans le vide infini.

Ils pensaient également que les étoiles, les planètes, la Lune et le Soleil tournaient autour de la Terre accrochés à des sphères différentes. La Terre occupait le centre de l'Univers et était immobile, c'était le système géocentrique, la Terre au centre.

Il fallut attendre l'année 1543 pour que Nicolas Copernic, un Polonais, publie un livre dans lequel il démontre que c'est le Soleil qui est au centre et que la Terre et les autres planètes tournent autour de celui-ci. Le système héliocentrique, le Soleil au centre, était né et sa réalité prouvée, 1800 ans après qu'un Grec, Aristarque de Samos, ait écrit mais sans le démontrer « qu'on pourrait admettre que le Soleil est immobile, si la Terre tourne autour du Soleil ».

Se repérer sur la Terre

Les pôles

Le pôle Nord et le pôle Sud sont les points qui marquent les extrémités nord et sud de la Terre. À ces 2 endroits, le jour dure 6 mois, on parle alors de soleil de minuit et la nuit dure 6 mois. Le Soleil ne se lève donc qu'une seule fois par an pour se coucher 6 mois plus tard.

L'équateur

L'équateur est une ligne qui partage la Terre en 2 moitiés égales, les hémisphères. La distance entre l'équateur et le pôle Nord est donc la même que celle qui sépare l'équateur du pôle Sud. L'équateur est long d'environ 40 000 km et c'est par rapport à lui que l'on va tracer les parallèles.

Les parallèles

Les parallèles sont des lignes tracées parallèlement à l'équateur, ils servent à calculer la latitude d'un point qui est la longueur en degrés d'un arc compris entre l'équateur et le parallèle de ce point. Tous les parallèles n'ont pas la même longueur, plus il est près du pôle, plus il sera petit. Le plus grand parallèle est l'équateur.

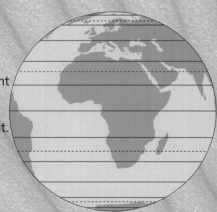

Les tropiques

Les tropiques sont des lignes parallèles à l'équateur. Le tropique du Cancer est situé dans l'hémisphère Nord, les rayons du Soleil le touchent à la verticale le 21 juin. Le tropique du Capricorne est localisé dans l'hémisphère Sud, les rayons du Soleil y arrivent verticalement le 21 décembre.

Les méridiens

Les méridiens sont des lignes perpendiculaires à l'équateur et qui relient le pôle Nord au pôle Sud. On a pris comme méridien zéro le méridien de Greenwich, petite ville anglaise. Les méridiens ont tous la même longueur. Les méridiens sont utilisés pour calculer la longitude d'un point qui est la longueur en degrés d'un arc compris entre le méridien de Greenwich et le méridien de ce point.

Quelques records

La montagne la plus haute

À la frontière entre le Népal et la Chine, le mont Everest est la montagne la plus élevée de la Terre. Son altitude a récemment été mesurée par satellite à 8 848 m au-dessus du niveau de la mer. Son sommet a été atteint pour la première fois en 1958.

Le plus petit État

Située en plein cœur de Rome, la cité du Vatican est le plus petit État indépendant de la Terre. Le Pape en est le dirigeant et gouverne le pays avec le Collège des Cardinaux. La superficie du Vatican ne dépasse pas 44 hectares (0,44 km²), mais cet État émet ses propres timbres et possède même une station de métro.

La plus haute chute d'eau

La chute d'eau la plus haute du monde est le Salto Angel. Elle se trouve au Venezuela et mesure 979 m de haut ! Elle tombe de l'Auyantepuy qui est un des tepuys les plus grands et les plus impressionnants. Un tepuy est une montagne dont le sommet est plat et qui se termine par d'immenses falaises.

L'État le plus vaste

La Russie est le pays le plus vaste de la Terre, sa superficie est de 17 075 400 km² ! Il est peuplé d'environ 150 millions d'habitants et 14 villes de Russie dépassent 1 million d'habitants. De très grandes parties du territoire russe sont quasi inhabitées, la toundra* et la taïga* s'y développent.

Le plus grand désert

Le Sahara, situé dans la partie nord du continent africain, est le plus grand désert de la Terre, il couvre une surface de 8 800 000 km², soit à peu près la taille de l'Australie. En journée, la température dépasse facilement les 30 °C, mais la nuit il fait très froid, il peut même geler.

Le fleuve le plus puissant

Avec 6 400 km de long, l'Amazone est le deuxième plus long fleuve de la Terre (après le Nil), mais il est le plus puissant. Son débit* à son arrivée dans l'océan est 5 fois plus important que son suivant, le Congo. L'Amazone prend sa source à 4 840 m au Pérou et mesure à son embouchure* près de 100 km de large.

Le plus vaste océan

L'océan Pacifique est le plus grand océan de la planète. Il sépare les 2 Amériques de l'Asie et de l'Océanie, sa superficie atteint 180 millions de km². La profondeur moyenne de l'océan Pacifique est de 3 957 m, mais il atteint 11 034 m de profondeur au gouffre du Challenger, dans la fosse* des Mariannes.

La Terre vue d'en bas

Le monde et ses habitants

On est 6 milliards d'hommes sur Terre !

Croissance approximative de la population mondiale :

1650 : 500 millions
1930 : 2 milliards
1965 : 3 milliards
1980 : 4 milliards
1988 : 5 milliards
2000 : 6 milliards

...

en l'an 2025 : 8,6 milliards
en l'an 2050 : 9 milliards
en 2100 : 10 milliards !!!

Dans 100 ans, la Terre pourrait compter 10 milliards d'habitants.

Au cours des 70 dernières années, la population mondiale a été multipliée par 3 (on était 2 milliards en 1930) car les progrès de la médecine ont considérablement diminué le taux de mortalité. L'amélioration de l'hygiène et l'augmentation des ressources alimentaires sur Terre grâce à l'amélioration des techniques agricoles ont également contribué à augmenter la durée de vie.

Aujourd'hui, c'est surtout dans les pays pauvres, en Asie et en Afrique, que la population augmente fortement car dans les pays riches les gens ont moins d'enfants qu'il y a 50 ans. Dans certains pays, la population diminue même.

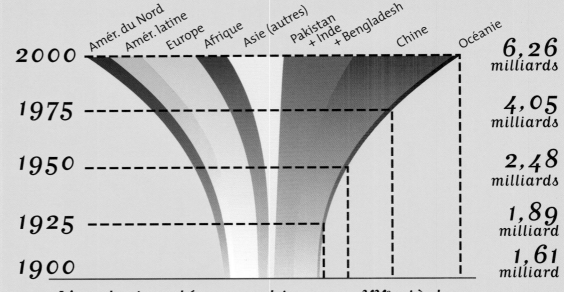

Amér. du Nord — Amér. latine — Europe — Afrique — Asie (autres) — Pakistan + Inde + Bangladesh — Chine — Océanie

2000 : **6,26** milliards
1975 : **4,05** milliards
1950 : **2,48** milliards
1925 : **1,89** milliard
1900 : **1,61** milliard

L'explosion démographique au XXᵉ siècle

La répartition de la population sur la Terre

Sur cette image, tu trouveras la répartition de la population à la surface de la Terre. Tu observeras que cette répartition est loin d'être la même partout et que certains continents sont beaucoup plus peuplés que d'autres. La plus grande partie de la population se retrouve en Asie, le long des côtes, mais également dans les vallées des fleuves les plus importants, le Gange en Inde, les fleuves Jaune et Bleu en Chine. L'Europe est aussi un continent densément peuplé de même que la côte Est de l'Amérique du Nord.

À l'inverse, les régions désertiques ou les régions les plus proches des pôles sont presque inhabitées.

Les langues

Plus de 5 000 langues différentes sont parlées dans le monde (sans compter les langues régionales et les dialectes* locaux). Les langues sont classées par famille dont la plus importante est la famille **indo-européenne**. Elle regroupe la moitié de la population mondiale et est surtout pratiquée en Europe, en Asie et dans les 2 Amériques (français, anglais, allemand, hindi...). La famille **sino-tibétaine** est la deuxième en importance et est surtout parlée en Chine. La famille **afro-asiatique** est la troisième en importance et contient notamment l'arabe et l'hébreu. Les langues les plus parlées au monde sont, par ordre d'importance : le chinois, l'hindi, l'espagnol, l'anglais, le russe et le français.

Les 5 grandes religions

Il existe des centaines de croyances sur la Terre. Parmi les 5 religions les plus répandues, 3 sont monothéistes, c'est-à-dire qu'elles ne croient en l'existence que d'un seul dieu, il s'agit du **christianisme**, de **l'islam** et du **judaïsme**. **L'hindouisme** est une religion polythéiste, elle croit en l'existence de plusieurs dieux ayant chacun un rôle particulier, le dieu de l'amour par exemple. Le **bouddhisme**, enfin, est plus une morale qu'une religion.

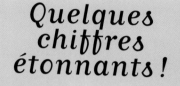

Le christianisme (catholiques, orthodoxes et protestants)
Les chrétiens sont près de 2 milliards sur la Terre, ils sont regroupés selon différentes familles : les catholiques, les protestants et les orthodoxes. Tous croient que Jésus est le fils de Dieu, qu'il est venu sur Terre, qu'il y est mort et qu'il est ressuscité*.

L'islam
Pratiquée par 1,1 milliard de personnes sur la Terre, la croyance de l'Islam se base sur les textes du Coran, livre révélé par Allah à Mahomet, le dernier, mais aussi le plus grand des prophètes*. Les musulmans ne croient pas que Allah peut devenir un homme, Allah étant au-dessus des hommes.

L'hindouisme
Religion dominante en Inde, elle rassemble 800 millions de croyants. Cette religion polythéiste est basée sur le culte de 2 dieux principaux, Vishnou et Shiva, complémentaires, mais souvent opposés l'un à l'autre dans certaines sectes* dérivées de l'hindouisme.

Le bouddhisme
Religion qui reprend l'enseignement du Bouddha et regroupe 350 millions de croyants. Le Bouddha est né au VIᵉ siècle avant Jésus-Christ et prêche plutôt une morale et une philosophie de vie qu'une religion.

Le judaïsme
Cette religion rassemble 15 millions de croyants à travers le monde. Elle a la même origine que le christianisme, mais les juifs considèrent Jésus comme un prophète parmi tous les prophètes. Ils attendent toujours la venue du fils de Dieu parmi les hommes.

Les drapeaux

AFRIQUE

Afrique du Sud	Algérie	Angola	Bénin	Botswana	Burkina

Burundi	Cameroun	 Cap-Vert	Centrafricaine (Rép.)	Comores	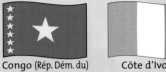 Congo	Congo (Rép. Dém. du)	Côte d'Ivoire

Djibouti	Égypte	Érythrée	Éthiopie	Gabon	Gambie	Ghana	Guinée

Guinée-Bissau	Guinée équatoriale	Kenya	Lésotho	Libéria	Libye	Madagascar	Malawi

Mali	Maroc	Maurice	Mauritanie	Mozambique	Namibie	Niger	 Nigeria

Ouganda	Rwanda	Sénégal	 Seychelles	Sierra Leone	Sao Tomé et Principe	Somalie	Soudan

Swaziland	Tanzanie	Tchad	Togo	Tunisie	Zambie	Zimbabwe

EUROPE

 Albanie	Allemagne	Andorre (Princ.)	Autriche	 Belgique

Biélorussie	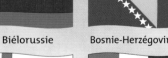 Bosnie-Herzégovine	 Bulgarie	Chypre	Croatie	Danemark	Espagne	Estonie

Finlande	France	Grèce	Hongrie	Irlande	Islande	Italie	Lettonie

Liechtenstein	Lituanie	Luxembourg (G.D.)	Macédoine (Rép. de)	Malte	Moldavie	Monaco (Princ. de)	Norvège

Pays-Bas	Pologne	Portugal	Roumanie	Royaume-Uni	Russie (Féd. de)	Saint-Marin	Serbie-Monténégro

Slovaquie	Slovénie	Suède	Suisse	Tchèque (Rép.)	Ukraine	Vatican	

des États du monde

ASIE

	Afghanistan	 Arabie saoudite	 Arménie

 Azerbaïdjan — Bahreïn — Bangladesh — Bhoutan —  Brunei

 Cambodge — Chine — Corée du Nord — Corée du Sud — Émirats arabes unis

 Géorgie — Inde — Indonésie —  Irak — Iran

 Israël — Japon — Jordanie — Kazakhstan — Koweït

 Kirghizistan — Laos — Liban — Malaisie — Maldives

 Mongolie — Myanmar — Népal —  Oman — Ouzbékistan

 Pakistan — Philippines — Qatar — Singapour —  Sri Lanka

 Syrie — Tadjikistan — Taïwan — Thaïlande —  Timor-Leste

 Turkménistan — Turquie — Vietnam — Yémen

OCÉANIE

 Australie — Fidji (Rép. des îles) —  Kiribati (Rép. de) — Marshall (Rép. des îles) —  Micronésie (États fédérés de)

 Nauru (Rép. de) — Nouvelle-Zélande —  Palau (Rép. de) — Papouasie-Nouvelle-Guinée — Salomon (îles)

 Samoa — Tonga — Tuvalu — Vanuatu

AMÉRIQUE

 Antigua-et-Barbuda — Argentine — Bahamas

 Barbade — Belize —  Bolivie

 Brésil — Canada — Chili

 Colombie — Costa Rica — Cuba

 Dominicaine (Rép.) — Dominique — Équateur

 États-Unis d'Amérique — Grenade — Guatemala

 Guyana — Haïti — Honduras

 Jamaïque —  Mexique — Nicaragua

 Panama — Paraguay — Pérou

 Sainte-Lucie — Saint-Kitts-et-Nevis — Saint-Vincent-et-les-Grenadines

 Salvador —  Suriname — Trinité-et-Tobago

 Uruguay — Venezuela

Le climat

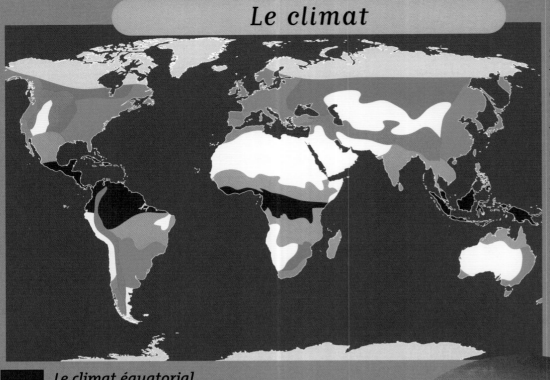

La répartition des climats* à la surface de la Terre est principalement influencée par les quantités de pluie et de soleil qui arrivent en un endroit. Plus les terres sont proches de l'équateur, plus elles reçoivent de soleil et plus les terres sont situées à proximité des océans, plus elles bénéficieront d'humidité*. Localement, la présence de relief* peut également jouer un rôle important. Voici les 8 principaux types de climat que l'on rencontre à la surface de la Terre. Tu peux observer leur répartition sur la carte ci-contre.

Le climat équatorial
Comme son nom l'indique, ce type de climat se retrouve dans les régions proches de l'équateur, il est caractérisé par un temps chaud et humide toute l'année.

Le climat tropical
Situé entre l'équateur et les tropiques, ce climat est chaud toute l'année et marqué par une alternance de saisons sèches et de saisons humides. Pendant la saison sèche, il n'y a presque pas de chutes de pluie.

Le climat désertique
Au niveau des tropiques, il ne pleut presque jamais, le climat est très chaud et très sec, mais la nuit, il peut geler.

Le climat méditerranéen
Ce climat est localisé dans l'ensemble des régions bordant la mer Méditerranée, en Californie (Amérique du Nord) et dans une partie de l'Australie. Ce climat se caractérise par des étés chauds et plutôt secs et des hivers doux et plus humides.

Le climat tempéré océanique
Le climat tempéré océanique est fortement influencé par la présence de l'océan ou de la mer qui limite les variations de température entre l'été et l'hiver et apporte son humidité. Ce climat se retrouve le long des côtes des continents aux environs de 50° de latitude. Il se caractérise par des hivers doux et des étés sans chaleur excessive. Les risques de pluies sont présents toute l'année.

Le climat continental
Le climat continental est principalement localisé à l'intérieur des continents et ne bénéficie plus du rôle modérateur de l'océan. Les hivers sont rudes, les périodes de gel sont longues et fortes tandis que les étés peuvent être très chauds. Il y a nettement moins de précipitations que dans le climat tempéré océanique.

Le climat de montagne
Ce type de climat est lié au relief d'une région. Toutes les grandes chaînes de montagnes (Himalaya, cordillère des Andes, Alpes...) possèdent un climat de montagne. En hiver, les chutes de neige sont importantes et les températures basses. En été, la neige et la glace persistent aux plus hautes altitudes.

Le climat polaire
Le nord de l'Amérique et de l'Asie, de même que le Groenland et l'ensemble du continent Antarctique connaissent un climat polaire. Toute l'année, la température moyenne est en dessous de 0 °C et quand le court été arrive, seules les régions proches de la mer connaissent un léger dégel.

Les vents
L'air chaud est plus léger que l'air froid et a tendance à monter, tandis que l'air froid descend ou reste au niveau du sol. Ces mouvements de montée et de descente entraînent des déplacements d'air et la formation de courants d'air, les vents.

Les précipitations
Quand les gouttes d'eau à l'intérieur d'un nuage deviennent trop grosses et trop lourdes, elles tombent sur la Terre sous la forme de pluie le plus souvent. Si la température à l'intérieur du nuage est inférieure à 0 °C, les gouttes d'eau se solidifient et tombent sur la Terre sous la forme de neige ou de petites boules de glace, les grêlons.

Les mers et les océans
Les mers et les océans jouent un rôle très important pour expliquer les différents climats qui règnent sur la Terre. L'eau s'évapore* au-dessus des océans pour former les nuages qui retomberont sous la forme de pluie sur les continents. Les variations de température entre l'hiver et l'été et entre le jour et la nuit, sont plus petites près des côtes car les mers et les océans se réchauffent lentement en été et se refroidissent tout aussi lentement en hiver.

Les paysages

À chaque type de climat correspond un paysage ou un type de végétation particulier.
Celui-ci dépend des quantités de soleil et d'eau reçues sur l'ensemble de l'année.
Il y a donc une très grande variété de paysages sur la Terre.

La forêt tropicale humide
Elle pousse près de l'équateur, dans des régions toujours chaudes
et fort arrosées par les pluies. Les plus grands arbres atteignent
50 m de haut (comme un immeuble de 14 étages). Cette forêt
abrite la plus grande variété de plantes et d'animaux au monde.

La savane
Surtout concentrée en Afrique, la savane subit l'alternance des
saisons des pluies et des périodes de sécheresse. La végétation est
surtout formée de hautes herbes et de quelques arbres éparpillés.

Les déserts et les zones arides*
Ces sont des régions où il ne pleut presque jamais, il y a très peu de
végétation. Les déserts chauds sont situés sous les tropiques, mais
il existe aussi des déserts froids qui sont secs car ils sont situés à
l'intérieur des continents, trop loin des mers et des océans.

Les steppes* herbeuses
Dans les zones à climat tempéré continental, de vastes étendues
herbeuses parsemées d'arbres recouvrent le sol et favorisent
l'élevage du bétail.

La forêt de feuillus
Elle pousse dans les régions tempérées océaniques où les saisons
sont bien marquées. Les arbres qui composent cette forêt perdent
leurs feuilles à l'approche de l'hiver et de nouvelles poussent au
printemps.

La taïga
La taïga est une forêt de conifères* qui poussent dans des régions
au nord des zones tempérées, mais elle bénéficie encore d'étés
suffisamment doux pour que les arbres puissent se développer.

Les pôles et la toundra
Dans l'extrême nord des continents, à proximité du pôle Nord, la toundra est une vaste étendue d'herbes courtes et de mousses. Les hivers
y sont très longs et glaciaux tandis que les étés y sont courts et froids.

Les montagnes
Quelle que soit leur latitude, les montagnes apparaissent comme des
masses rocheuses pointues dont les sommets sont souvent enneigés.
La végétation s'y développe par étage en fonction de l'altitude.

L'avenir de la planète

La Terre en danger

Aujourd'hui, la Terre est en danger notamment à cause des modifications du climat provoquées par les activités humaines.

L'effet de serre*

L'effet de serre est un phénomène naturel causé principalement par la présence de CO_2* dans l'atmosphère, ce CO_2 retient une partie de la chaleur reçue du Soleil et l'empêche de repartir vers l'espace. Si l'effet de serre n'existait pas, la vie sur la Terre serait impossible. En effet, la température moyenne de la Terre serait inférieure à −20 °C au lieu d'être de +15 °C. Le problème vient du fait qu'il y a maintenant trop de CO_2 dans l'atmosphère à cause des dégagements des fumées d'usines et des pots d'échappements des voitures. L'effet de serre est donc plus fort et la température à la surface de la Terre augmente. L'augmentation de la température provoque la fonte des glaciers* dans les montagnes et aux deux pôles de la Terre. Cela causera une remontée du niveau des mers et des océans d'environ 70 cm d'ici 2100. Cela peut te paraître peu, mais ce sera suffisant pour noyer des îles entières ou des parties très importantes de pays côtiers.

Les pluies acides*

Les pluies acides sont également un phénomène naturel renforcé par la pollution dégagée par les activités humaines. Les pluies acides s'attaquent aux forêts, aux lacs, aux animaux et aux bâtiments. Elles les détruisent petit à petit. Les pluies acides sont surtout localisées dans les pays industriels en Europe et en Amérique du Nord.

Des solutions ?

Pour réduire les pluies acides et l'effet de serre, il faut diminuer notre production de CO_2. Il faut moins rouler en voiture, se chauffer au gaz naturel, consommer moins d'électricité...

Il faut également arrêter ou au moins réduire la déforestation*. En effet, les arbres consomment du CO_2 pendant la journée pour fabriquer de l'oxygène. Si la quantité d'arbres diminue de manière importante sur la Terre, c'est autant de CO_2 qui ne sera pas transformé en oxygène et donc autant de CO_2 qui se retrouvera dans l'atmosphère.

Aujourd'hui, rien que pour la forêt tropicale, on estime que la surface d'un terrain de football disparaît chaque seconde, 30 à 40 hectares* par minute, c'est énorme ! L'exploitation de la forêt doit être mieux organisée et il faut reboiser le plus vite possible après l'abattage des arbres.

La santé des êtres vivants est menacée

Les rayons du Soleil qui arrivent sur la Terre sont indispensables à la vie, mais certains composants de ces rayons, les ultraviolets B, sont dangereux et peuvent provoquer des maladies parfois mortelles comme le cancer de la peau. Heureusement, l'atmosphère contient une fine couche de gaz qui arrêtent ces UVB, c'est la couche d'ozone. Or, on a constaté depuis une vingtaine d'années que cette couche diminue et qu'un trou est même apparu au-dessus de l'Antarctique. L'ozone est détruite par certains gaz, les chlorofluorocarbones (on dira CFC) qui sont employés, entre autres, dans les bombes aérosols, les frigos et les congélateurs. Depuis, les CFC ont été interdits, mais de vieux appareils électroménagers fonctionnent toujours et tous les CFC contenus dans l'atmosphère n'ont pas encore disparu.

Des espèces en voie de disparition

À travers le monde, des espèces animales sont chaque jour menacées de disparition. En effet, soit l'homme chasse ces animaux pour exploiter leurs ressources (baleines, éléphants, rhinocéros, tortues marines), soit les milieux naturels dans lesquels ces animaux vivent, sont détruits par l'homme et disparaissent peu à peu (pandas géants, grands singes d'Afrique centrale, tigres d'Asie).

Les pandas géants

Les tortues marines

Les grands singes

Les tigres

Les rhinocéros

Les baleines

Les éléphants

Et toi que peux-tu faire ?

Dans la vie de tous les jours, tu peux faire plein de gestes pour aider et sauvegarder la nature. Il est très important de trier tes déchets* et de ne mettre à la poubelle que ceux qui ne sont pas recyclables*.

Tu peux aussi acheter préférentiellement des produits recyclés. Les papiers et les cartons sont réutilisés pour produire des journaux ou des blocs de papier recyclé. Les bouteilles que tu mets dans la bulle à verre se recyclent en nouvelles bouteilles ou en laine de verre pour isoler les maisons, voire en laine polaire pour vêtements. Avec les vieux métaux, on fabrique des boîtes de conserve, des outils ou des carrosseries de voitures et les plastiques se recyclent en tuyaux, en matériaux de construction ou en moquette.

Pour te déplacer et limiter la production de CO2, utilise les transports en commun (train, tram et bus) plutôt que la voiture. Tu pourrais aller à l'école à vélo quand c'est possible et que ta sécurité sur la route est assurée.

Ne gaspille pas l'eau, elle est précieuse. Prends une douche de préférence à un bain, ne laisse pas couler l'eau pendant que tu te laves les dents, utilise une chasse d'eau qui permet d'envoyer peu ou beaucoup d'eau selon la nécessité...

Ne détruis pas la nature, n'y jette pas n'importe quoi, pense à protéger les zones naturelles, n'arrache pas les plantes si ce n'est pas nécessaire.
Enfin, choisis de préférence des jouets qui fonctionnent sans piles. Si tu veux absolument un jouet avec piles, utilise plutôt des batteries ou des piles rechargeables et n'oublie pas de recycler* les piles épuisées.

Protéger la nature, cela s'apprend et se pratique tous les jours, n'hésite pas à en parler autour de toi, avec tes parents et tes amis.

Il faut utiliser les ressources de la nature sans les épuiser pour assurer à ceux qui nous suivront de pouvoir en disposer et en bénéficier également.

L'Europe physique

L'Europe est limitée au nord par l'océan Arctique et le Groenland. Elle se distingue de l'Asie à l'est par les monts Oural, chaîne de moyennes montagnes située en Russie et au sud-est par le massif du Caucase. Au sud, ce continent est séparé de l'Afrique par la mer Méditerranée.

Le relief européen est assez monotone et plat dans sa partie nord, seul le bouclier* norvégien atteint des altitudes supérieures à 2 000 m, le climat y est rude avec des hivers très longs et très froids. Les grandes plaines du nord sont occupées par la toundra (grandes étendues d'herbes et de mousses) et la taïga (forêts de conifères).

Les plaines situées à l'ouest, le long de la mer du Nord et de l'océan Atlantique bénéficient d'un climat tempéré leur assurant des pluies toute l'année, des hivers plus doux et des étés assez frais, l'agriculture et la forêt s'y développent bien.

Plus on se déplace vers l'est et l'intérieur de l'Europe, plus le climat devient continental, les hivers sont plus froids et les étés plus chauds et plus secs. La Volga, le plus long fleuve d'Europe, naît dans le grand nord de la Russie pour se jeter au sud-est dans la mer Caspienne.

Le sud de l'Europe est caractérisé par un climat méditerranéen marqué par une diminution importante des pluies en été. La végétation est adaptée au climat et est formée de buissons et d'arbustes : le maquis* et la garrigue*. Ces régions présentent un relief plus tourmenté avec de grandes chaînes de montagnes comme les Pyrénées, les Alpes, les Apennins, le massif des Balkans et au sud-est le Caucase dont le mont Elbrouz culmine à 5 633 m et constitue le sommet du continent européen.

L'Europe ne dispose plus de ressources naturelles importantes; de moins en moins de mines de charbon, de lignite* ou d'autres minerais* sont en activité. Des gisements de pétrole et de gaz naturel sont exploités en mer du Nord.

En Irlande, l'air est toujours humide et doux. Ce qui explique la couleur verte des paysages irlandais.

Au cœur de l'Écosse, le loch Ness est un lac célèbre car certains prétendent qu'il abrite une créature légendaire descendant des dinosaures.

Sur la moitié de leur territoire, les Pays-Bas ont une altitude qui ne dépasse pas 1 mètre ! La culture des fleurs y est une spécialité.

Les falaises blanches du Sussex (R.-U.) dominent la mer de plusieurs dizaines de mètres et s'effondrent parfois dans des éboulis impressionnants.

Les plaines d'Andalousie (Esp.) profitent du climat méditerranéen. Les plantations d'oliviers marquent tout le paysage.

Mer de Norvège
Trondheim fjord
2469 M Galdhøpiggen
Vatnajökull 2119 M Hvannadalshjúkur
Îles Shetland
Sogne fjord
Îles Orcades
Bokn fjord
Skagerrak
Îles Hébrides
Hautes Terres d'Écosse
1343 M Ben Nevis
MER DU NORD
ULSTER
Îles de Man
Îles Frisonnes
Weser
Shannon
MER D'IRLANDE
Tamise
Plateau de Hesse
Cornouailles
LA MANCHE
Îles anglo-normandes
Seine
Flandre
Ardennes
Rhin
forêt-Noire
Bretagne
Bassin parisien
Loire
Alsace
Lac Léman
4478M Mt Cervin
GOLFE DE GASCOGNE
Dordogne
Massif central
Rhône
4808M Mt Blanc
Garonne
Pyrénées
3404 M Aneto
Golfe du Lion
Mt Cinto 2706M
Corse
Douro
Èbre
Monts Ibériques
1834 M Gennargentu Sar
Tage
Îles Baléares
Minorque
Majorque
Ibiza
MER MÉDITERRANÉ
Sierra Morena
Guadalquivir
3482 M Mulhacén
GIBRALTAR
1862 M Madère
La Palma
Ténérife
Lanzarote
Fuerteventura
3718 M Grande Canarie
Îles Canaries

Lopphavet

Île Kolguyev

Porte de Kara

Scandinavie Laponie

2114 M
Kebnekaise

Sina

Inari

Toute la côte de la Norvège est découpée par des fjords. Ces grandes vallées permettent à la mer de pénétrer jusqu'à plus de 100 km à l'intérieur du pays.

Dans le sud de la Belgique, les collines vallonnées des Ardennes témoignent d'une ancienne chaîne de montagnes autrefois comparable aux Alpes.

96 M
gsfjället

Oulujärvi

L. Vyg

Plateau lacustre de Finlande

Lac Onega

Dans le sud-ouest de l'Allemagne, la Forêt-Noire est un vieux massif montagneux aux sommets arrondis par l'érosion*.

Lac Ladoga

Åland

Golfe de Botnie

Golfe de Finlande

Hiiumaa

Saaremaa

Lac Peipus

Lac Beloye

Réservoir de Rybinsk

Sukhona

La Toscane est une région d'Italie au paysage doucement vallonné et au climat ensoleillé favorisant la culture de la vigne.

Gotland

Golfe de Riga

Oland

Dvina

Plateau central de Russie

Monts Oural

Tobol

Bornholm

Golfe de Gdansk

Niemen

Plaine nord-européenne

Dorsale de Poméranie

Oder

Vistule

Marais de Pripet

Réservoir Saratov

Volga

Oural

Bohême

Carpates

Bassin de Vienne

Dniepr

Don

Dépression de la Caspienne

Les Alpes sont les plus hautes montagnes d'Europe occidentale. Les neiges y apparaissent en permanence à partir de 3 000 m d'altitude.

Lac Balaton

Plaine de Hongrie

Transylvanie

MER D'AZOV

Crimée

MER CASPIENNE

Danube

Balkans

MER NOIRE

5633 M
Mt Elbrouz

Caucase

MER ADRIATIQUE

2925 M
Musala

Bosphore

1277 M
Vésuve

ÉNIENNE

2911 M
Mont Olympe

Corfou

MER IONIENNE

Plateau d'Anatolie
(Asie mineure)

5137 M
Mt Ararat

Sicile

Peloponnèse

MER ÉGÉE

Monts Taurus

L. Urmia

3340 M
Etna

Crète
2456 Mt Ida

Les rivages de la Méditerranée sont la destination favorite des touristes européens cherchant le soleil et la mer.

Canal de Suez

Sinaï

2637 M

MER ROUGE

La Provence est une région du sud de la France où les champs de lavande dégagent des parfums et des couleurs intenses.

En creusant un passage aussi profond sur plusieurs dizaines de km, le Verdon (F.) a créé un paysage unique en Europe.

L'Europe humaine

REYKJAVIK

ISLANDE

L'Atomium est l'édifice le plus connu de Bruxelles, la capitale de la Belgique et de l'Union européenne.

Stockholm est la capitale de la Suède. Elle s'étend sur des îles et des presqu'îles du lac Mälaren et de la mer Baltique.

Oulu

FINLANDE

SUÈDE

HELSINKI · St Pétersbourg

NORVÈGE

Bergen · OSLO · STOCKHOLM

TALLINN

ESTONIE

Göteborg

Écosse

Édimbourg

DANEMARK

LETTONIE · RIGA

IRLANDE

Belfast

ROYAUME-UNI

COPENHAGUE

LITUANIE

(FÉDÉRATION DE RUSSIE)

Depuis sa construction en 1894, Tower Bridge permet aux Londoniens de franchir la Tamise.

DUBLIN

Manchester

Gdansk

VILNIUS · MINSK

Pays de Galles

Hambourg

BIÉLORUSSI

PAYS-BAS · Hambourg

Angleterre

LONDRES

AMSTERDAM · BERLIN

VARSOVIE

BELGIQUE

BRUXELLES

ALLEMAGNE

POLOGNE

PARIS

LUX.

Bonn

PRAGUE

Cracovie

RÉP. TCHÈQUE

SLOVAQUIE

Munich

VIENNE · BRATISLAVA

FRANCE

BERNE

LIECHT.

AUTRICHE

BUDAPEST

SUISSE

SLOVÉNIE

HONGRIE

Bordeaux

Lyon

Milan

LJUBLJANA · ZAGREB

ROUMANIE

Bilbao

Toulouse

CROATIE

BOSNIE-HERZ.

BUCAREST

Porto

Marseille

MONACO

Florence · StMARIN

BELGRADE

SARAJEVO

SERBIE-MONTÉNÉGRO

BULGARIE

MADRID

ANDORRE

VATICAN

SOFIA

PORTUGAL

Corse

SKOPJE

LISBONNE

ESPAGNE

Valence

Barcelone

ROME

ITALIE

TIRANA

MACÉDOINE

ALBANIE

Salonique

Sardaigne

Naples

GRÈCE

Palerme

Patras · ATHÈNES

Sicile

Crète

MALTE

À Lisbonne, la tour de Belém monte la garde à l'embouchure du Tage.

La Sagrada Família de Barcelone, une église audacieuse et inachevée du célèbre architecte espagnol Gaudi.

Le Parthénon (Athènes), temple datant du Ve siècle avant J.-C., nous rappelle toute la gloire et la richesse de la civilisation grecque.

À Moscou, sur la place Rouge, la forteresse du Kremlin qui est le siège de la présidence russe, fait face à la cathédrale Basile-le-Bienheureux.

Sur le Danube, Vienne fut la capitale du grand empire austro-hongrois. La cour impériale attira des compositeurs célèbres tels que Haydn, Mozart, Strauss et Schubert.

Nizhniy Novgorod

FÉDÉRATION DE RUSSIE

MOSCOU ■

À Berlin, la porte de Brandebourg est devenue le symbole de la réunification de l'Allemagne coupée en 2 entre 1948 et 1990.

Volgograd

EV ■ UKRAINE

MOLDAVIE

HISINAU

Sur la Vltava, Prague a connu son âge d'or du XIVe au XVIIe siècle comme capitale de l'empire romain germanique. Elle était alors plus importante que Paris ou Londres.

Istanbul

■ ANKARA

TURQUIE

CHYPRE
■ NICOSIE

Formée de Buda -la ville haute- et de Pest, la capitale de la Hongrie abrite le plus grand complexe thermal d'Europe. L'eau y jaillit à une température de 74 °C.

Fierté de tout un peuple, la tour Eiffel dresse ses 320 m en plein cœur de Paris.

L'Europe est un petit continent constitué d'une multitude de pays possédant chacun une identité culturelle particulière. Il n'est d'ailleurs pas rare de constater la présence côte à côte de plusieurs cultures différentes au sein d'un même État.

Ces pays sont en général fortement peuplés et seul le grand nord de la Russie et de la Scandinavie (Norvège, Suède et Finlande) est quasiment inhabité.

Les langues parlées en Europe sont issues de quatre grandes familles. Le sud-ouest du continent est dominé par les langues latines (français, italien, espagnol...), le nord-ouest par les langues germaniques (anglais, allemand, néerlandais), le centre et l'est de l'Europe par les langues slaves (polonais, russe...) tandis que les langues nordiques (danois, finnois...) dominent le nord du continent et l'Islande.

La religion chrétienne rassemble presque la totalité des Européens. À l'intérieur de celle-ci, les catholiques dominent dans les pays latins, les orthodoxes dans les pays slaves et les protestants dans les pays germaniques et nordiques.

L'ensemble des pays européens est organisé en démocratie* avec des élections tenues à intervalles réguliers permettant aux habitants d'exprimer leurs opinions politiques. Le régime républicain domine (un président élu par la population), mais plusieurs pays possèdent encore un système monarchique, un roi ou une reine étant à la tête du pays et se transmettant le pouvoir de parent à enfant.

Ville du nord-est de l'Italie, Venise est construite sur un ensemble d'îlots reliés entre eux par des ponts. La gondole est ce bateau typique qui parcourt les canaux de la ville.

L'Union européenne

Les institutions

Le Conseil européen

Il réunit les chefs d'État et de gouvernement* des États membres de l'Union européenne ainsi que le président de la Commission. C'est lui le moteur de l'Europe qui donne les poussées nécessaires au développement de l'Union. Tous les Conseils européens se déroulent à Bruxelles.

La Commission européenne

C'est le gouvernement de l'Europe, elle est formée de 20 commissaires nommés par les différents États de l'Union. Elle est chargée de l'exécution des politiques décidées en Conseil européen. Elle est située à Bruxelles.

Le Parlement* européen

Il est composé de 626 députés (732 après l'élargissement de 2004) qui sont élus par les citoyens européens tous les 5 ans. Il a un pouvoir de codécision avec le Conseil des ministres et peut faire démissionner la Commission européenne.

Le Conseil des ministres

En fonction de la matière traitée, il réunit les ministres concernés de chaque pays membre. C'est l'endroit où les décisions se prennent et où l'on règle les problèmes qui opposent les pays européens entre eux.

La Cour de justice européenne

Située à Luxembourg, c'est le tribunal de l'Europe. Elle peut trancher des problèmes entre États membres, entre l'Union et un État, entre les institutions de l'Union et même entre des personnes et l'Union européenne.

Un ensemble de 6, 9, 10, 12, 15… 25 pays!

Le 25 mars 1957, l'Allemagne, la France, l'Italie, la Belgique, les Pays-Bas et le Luxembourg, soit 6 pays, signent le traité de Rome, l'Union européenne est née.

En 1973, on parle de l'Europe des neuf avec l'arrivée du Danemark, de l'Irlande et du Royaume-Uni. La Grèce rejoint l'Europe en 1981, l'Espagne et le Portugal en 1986. Enfin, en 1995, c'est l'arrivée de l'Autriche, de la Suède et de la Finlande qui porte le nombre total de pays membres de l'Union européenne à 15.

En mai 2004, pas moins de 10 nouveaux pays rejoindront l'Union, nous serons alors 25, il s'agit de la Lituanie, la Lettonie, l'Estonie, la Pologne, la République tchèque, la Slovaquie, la Slovénie, la Hongrie, Chypre et Malte.

Entre ces 25 pays, il n'existera alors plus de frontières pour les déplacements de personnes et de marchandises.

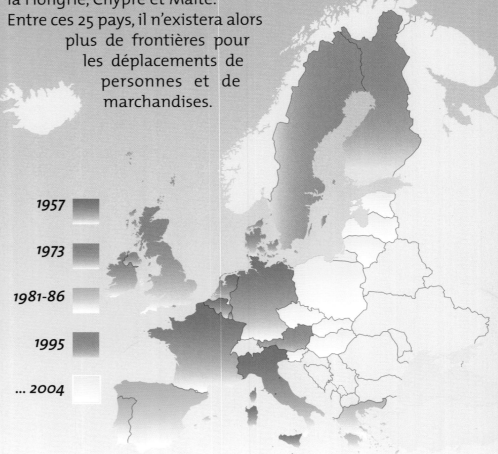

1957
1973
1981-86
1995
… 2004

L'euro, la même monnaie pour tous

Parmi les 15 pays membres de l'Union européenne, seuls le Danemark, la Grande-Bretagne et la Suède ont refusé de faire partie de la zone euro, c'est-à-dire de partager la même monnaie, unique pour les 12 pays membres, l'euro. Cette monnaie unique permet de payer dans l'ensemble de la zone euro avec les mêmes billets et les mêmes pièces que dans son pays d'origine.

Les billets sont tous identiques tandis que les pièces possèdent encore une face propre à chaque pays membre. Il y a 8 pièces et 6 billets différents.

Vivre en Europe

Différents modes de vie et traditions

La France et sa gastronomie

Les sports et les loisirs sont devenus des activités régulières pour la plupart des Européens.

Défilé des porteurs de gouda aux Pays-Bas.

Danseurs de flamenco en Espagne.

Le carnaval à Venise

Des Écossais en kilt, (la tenue traditionnelle) jouant de la cornemuse.

On l'a vu, la population européenne est très diversifiée, plusieurs grandes familles de langues existent en Europe et les variations culturelles à l'intérieur d'un seul pays peuvent être très importantes. Les modes de vie et les traditions* culturelles des Européens sont également très variés et liés à l'histoire des différents pays et aux rigueurs ou à la douceur du climat et de la nature en général.

L'activité économique en Europe

1. L'Europe compte des ports d'importance mondiale, comme Rotterdam ou Anvers.
2. La Bourse influence toute l'activité économique.
3. La construction automobile est très importante en Allemagne.
4. La sidérurgie, une très ancienne industrie pour l'Europe.

5. Les centrales électriques sont indispensables à l'économie.
6. L'agriculture fait vivre moins d'1 Européen sur 10.
7. Le travail du diamant à Anvers est réputé dans le monde entier.
8. Paris reste la capitale de la haute couture.
9. On extrait du pétrole en mer du Nord.

Jusqu'en 1940, l'Europe était la première puissance économique mondiale, l'invention de la machine à vapeur à la fin du XVIIIᵉ siècle a permis le développement de grosses industries travaillant l'acier grâce au charbon et au fer extraits dans les mines. L'industrie a fait la richesse de l'Europe pendant de longues années, notamment l'industrie automobile. La construction de voitures reste une industrie importante, mais le secteur tertiaire (bureaux, bourse, services, banques, etc.) est aujourd'hui la première activité économique d'Europe.

La carte d'identité

Albanie
(République multipartite)
28 748 KM²   3,9 MILLIONS HAB.

CAPITALE : TIRANA

LANGUE OFFICIELLE : ALBANAIS

Petit État de l'Adriatique, on y parle le "geg" au nord et le "tosk" au sud.

Allemagne
(République fédérale)
357 020 KM²   82,1 MILLIONS HAB.

CAPITALE : BERLIN

LANGUE OFFICIELLE : ALLEMAND

Scindé en 2 entre 1948 et 1990, c'est le pays le plus peuplé de l'Union européenne.

Andorre
(Coprincipauté entre la France et l'Espagne)
468 KM²   66 000 HAB.

CAPITALE : ANDORRE-LA-VIEILLE

LANGUE OFFICIELLE : CATALAN

Le Président français et l'évêque d'Urgel (en Espagne) sont les 2 coprinces d'Andorre.

Autriche
(République fédérale)
83 859 KM²   8,1 MILLIONS HAB.

CAPITALE : VIENNE

LANGUE OFFICIELLE : ALLEMAND

Entre les Alpes et le Danube, on y exploite encore de nombreuses mines de sel.

Belgique
(État fédéral à monarchie constitutionnelle)
30 528 KM²   10,2 MILLIONS HAB.

CAPITALE : BRUXELLES

LANGUES OFFICIELLES : NÉERLANDAIS, FRANÇAIS ET ALLEMAND

Le pays de l'Atomium est avant tout le royaume de la bière et du chocolat.

Biélorussie
(République multipartite)
207 600 KM²   10,5 MILLIONS HAB.

CAPITALE : MINSK

LANGUES OFFICIELLES : RUSSE ET BIÉLORUSSE

Les paysages sont profondément marqués par les glaciations* passées.

Bosnie-Herzégovine
(République multipartite)
51 129 KM²   4,7 MILLIONS HAB.

CAPITALE : SARAJEVO

LANGUES OFFICIELLES : SERBE, CROATE, BOSNIAQUE

Le pays est divisé en 2 entités: la Fédération* croato-musulmane et la République serbe de Bosnie.

Bulgarie
(République fédérale)
110 912 KM²   8,5 MILLIONS HAB.

CAPITALE : SOFIA

LANGUE OFFICIELLE : BULGARE

En 2001, le dernier roi (qui avait abdiqué en 1946) a été élu Premier ministre !

Chypre
(République multipartite)
9 251 KM²   790 000 HAB.

CAPITALE : NICOSIE

LANGUES OFFICIELLES : GREC ET TURC

Depuis 30 ans, cette île est partagée entre sa population d'origine turque au nord et celle d'origine grecque au sud.

Croatie
(République multipartite)
56 538 KM²   4,3 MILLIONS HAB.

CAPITALE : ZAGREB

LANGUE OFFICIELLE : CROATE

La Croatie déclare son indépendance en 1991 après de nombreux affrontements interethniques*.

Danemark
(Monarchie constitutionnelle)
43 093 KM²   5,3 MILLIONS HAB.

CAPITALE : COPENHAGUE

LANGUE OFFICIELLE : DANOIS

La "Petite Sirène" veille sur le port de Copenhague et sur un pays qui culmine à 173 m.

Espagne
(Monarchie constitutionnelle)
504 750 KM²   40,2 MILLIONS HAB.

CAPITALE : MADRID

LANGUE OFFICIELLE : ESPAGNOL

La patrie du flamenco a été pendant plusieurs siècles à la tête de nombreuses colonies*.

Estonie
(République multipartite)
45 100 KM²   1,4 MILLIONS HAB.

CAPITALE : TALLINN

LANGUE OFFICIELLE : ESTONIEN

Plus de 30 % des terres y sont en permanence gorgées d'eau.

Finlande
(République)
338 145 KM²   5,2 MILLIONS HAB.

CAPITALE : HELSINKI

LANGUE OFFICIELLE : FINNOIS

Près des 2/3 du pays sont recouverts de forêts. Environ 1/4 de la Finlande se trouve au nord du cercle polaire arctique.

France
(République)
547 000 KM²   58,7 MILLIONS HAB.

CAPITALE : PARIS

LANGUE OFFICIELLE : FRANÇAIS

Premier producteur mondial de vin, c'est aussi le pays de la gastronomie.

Grèce
(République)
131 957 KM²   10,5 MILLIONS HAB.

CAPITALE : ATHÈNES

LANGUE OFFICIELLE : GREC

Berceau de la philosophie pendant l'Antiquité, c'est aussi celui des jeux Olympiques.

Hongrie
(République multipartite)
93 030 KM²   9,9 MILLIONS HAB.

CAPITALE : BUDAPEST

LANGUE OFFICIELLE : HONGROIS

Cet État englobe le plus grand lac d'Europe centrale: le lac Balaton a une superficie de 670 km².

Irlande
(République)
70 282 KM²   3,7 MILLIONS HAB.

CAPITALE : DUBLIN

LANGUES OFFICIELLES : ANGLAIS ET GAÉLIQUE

C'est le pays ayant remporté le plus souvent le concours eurovision de la chanson !

Islande
(République multipartite)
103 000 KM²   282 000 HAB.

CAPITALE : REYKJAVIK

LANGUE OFFICIELLE : ISLANDAIS

L'île est entièrement d'origine volcanique et vit essentiellement de la pêche à la morue.

Italie
(République fédérale)
301 230 KM²   57,7 MILLIONS HAB.

CAPITALE : ROME

LANGUE OFFICIELLE : ITALIEN

Ce pays en forme de botte est la patrie des spaghettis et de la pizza.

Lettonie
(République multipartite)
64 589 KM²   2,4 MILLIONS HAB.

CAPITALE : RIGA

LANGUE OFFICIELLE : LETTON

Les femmes y vivent en moyenne 10 ans de plus que les hommes.

Liechtenstein
(Monarchie constitutionnelle)
160 KM²   32 000 HAB.

CAPITALE : VADUZ

LANGUE OFFICIELLE : ALLEMAND

Ce tout petit État, économiquement rattaché à la Suisse, ne possède pas d'armée.

Lituanie
(République multipartite)
65 300 KM²   3,7 MILLIONS HAB.

CAPITALE : VILNIUS

LANGUE OFFICIELLE : LITUANIEN

C'est le 1er État de l'ex-URSS à avoir réclamé son indépendance*.

Luxembourg
(Monarchie constitutionnelle)
2 586 KM²   435 700 HAB.

CAPITALE : LUXEMBOURG

LANGUES OFFICIELLES : LUXEMBOURGEOIS, FRANÇAIS ET ALLEMAND

Le plus petit pays de l'Union européenne forme le "Benelux" avec la Belgique et les Pays-Bas.

des États européens

Macédoine
(République multipartite)

25 713 KM²   2 MILLIONS HAB.

CAPITALE : SKOPJE

LANGUE OFFICIELLE : MACÉDONIEN

1 habitant sur 5 est d'origine albanaise dans cet État indépendant depuis 1991.

Malte
(République multipartite)

316 KM²   392 000 HAB.

CAPITALE : LA VALETTE

LANGUES OFFICIELLES : MALTAIS ET ANGLAIS

En 2004, Malte devrait devenir le plus petit pays de l'Union européenne.

Moldavie
(République multipartite)

33 700 KM²   4,6 MILLIONS HAB.

CAPITALE : CHISINAU

LANGUE OFFICIELLE : MOLDAVE

Le pays faisait encore partie de la Roumanie avant la deuxième guerre mondiale.

Monaco
(Principauté constitutionnelle)

1, 95 KM²   33 000 HAB.

CAPITALE : MONACO

LANGUE OFFICIELLE : FRANÇAIS

Le plus petit pays du monde à avoir son grand prix de Formule 1.

Norvège
(Monarchie constitutionnelle)

324 219 KM²   4,4 MILLIONS HAB.

CAPITALE : OSLO

LANGUE OFFICIELLE : NORVÉGIEN

Le "Sogne fjord" s'enfonce à plus de 100 km à l'intérieur du pays.

Pays-Bas
(Monarchie constitutionnelle)

41 526 KM²   15,7 MILLIONS HAB.

CAPITALE : AMSTERDAM

LANGUE : NÉERLANDAIS

Une grande partie du territoire néerlandais est en dessous du niveau de la mer.

Pologne
(République multipartite)

312 685 KM²   38,6 MILLIONS HAB.

CAPITALE : VARSOVIE

LANGUE OFFICIELLE : POLONAIS

En 1990, l'électricien Lech Walesa est devenu président de la république.

Portugal
(République multipartite)

91 980 KM²   10 MILLIONS HAB.

CAPITALE : LISBONNE

LANGUE OFFICIELLE : PORTUGAIS

La patrie du porto avait des colonies partout dans le monde: Amérique du Sud, Afrique, Asie.

République tchèque
(République multipartite)

78 863 KM²   10,3 MILLIONS HAB.

CAPITALE : PRAGUE

LANGUE OFFICIELLE : TCHÈQUE

Pendant 10 ans, c'est un écrivain -Vaclav Havel- qui a présidé le pays.

Roumanie
(République multipartite)

237 500 KM²   23,1 MILLIONS HAB.

CAPITALE : BUCAREST

LANGUE OFFICIELLE : ROUMAIN

L'embouchure du Danube y fait office de frontière naturelle avec l'Ukraine.

Royaume-Uni
(Monarchie constitutionnelle)

244 820 KM²   59,2 MILLIONS HAB.

CAPITALE : LONDRES

LANGUE OFFICIELLE : ANGLAIS

C'est là que sont nés le rock, le football, James Bond, Harry Potter... et l'heure du thé !

Russie
(République fédérale)

17 075 400 KM²   146 MILLIONS HAB.

CAPITALE : MOSCOU

LANGUE OFFICIELLE : RUSSE

Le plus grand pays d'Europe possède aussi l'enclave* de Kaliningrad sur la Baltique, entre la Lituanie et la Pologne.

Saint-Marin
(République multipartite)

61 KM²   27 000 HAB.

CAPITALE : SAINT MARIN

LANGUE OFFICIELLE : ITALIEN

Ce tout petit territoire au milieu de l'Italie est indépendant depuis le XIIIᵉ siècle !

Serbie-Monténégro
(République fédérale multipartite)

102 173 KM²   10,9 MILLIONS HAB.

CAPITALE : BELGRADE

LANGUE OFFICIELLE : SERBE

C'est avec la Macédoine, la Bosnie-Herzégovine, la Croatie, et la Slovénie un des États nés de la guerre en ex-Yougoslavie.

Slovaquie
(République multipartite)

49 014 KM²   5,4 MILLIONS HAB.

CAPITALE : BRATISLAVA

LANGUE OFFICIELLE : SLOVAQUE

Plus de 33 % du territoire dévoilent un relief montagneux.

Slovénie
(République multipartite)

20 251 KM²   2 MILLIONS HAB.

CAPITALE : LJUBLJANA

LANGUE OFFICIELLE : SLOVÈNE

Cette petite république ne compte que 46 km de côtes.

Suède
(Monarchie constitutionnelle)

449 964 KM²   8,8 MILLIONS HAB.

CAPITALE : STOCKHOLM

LANGUE OFFICIELLE : SUÉDOIS

L'entreprise suédoise Ikea distribue ses produits dans le monde entier .

Suisse
(État fédéral)

41 288 KM²   7,2 MILLIONS HAB.

CAPITALE : BERNE

LANGUES OFFICIELLES : ALLEMAND, FRANÇAIS, ITALIEN ET ROMANCHE

20 cantons et 6 demi-cantons sont rassemblés en un État blotti au cœur des Alpes.

Ukraine
(République multipartite)

603 700 KM²   49 MILLIONS HAB.

CAPITALE : KIEV

LANGUE OFFICIELLE : UKRAINIEN

Elle possède la plus grande partie des rivages* de la mer Noire.

Vatican
(République fédérale)

0,44 KM²   700 HAB.

LANGUE OFFICIELLE : ITALIEN

Enclavé en plein cœur de Rome, le plus petit pays du monde est le siège de l'Église catholique. C'est la résidence du pape.

L'Amérique du Nord et centrale physique

L'Amérique du Nord s'étend depuis l'extrême nord du Canada et du Groenland jusqu'à la frontière entre le Mexique et le Guatemala. Au sud de cette limite et jusqu'au Panama, on parle d'Amérique centrale. Au niveau des plaques tectoniques, il s'agit cependant d'une seule plaque, la plaque nord-américaine.

Le Canada

Deuxième plus grand pays du monde, le Canada est dominé à l'ouest par les montagnes Rocheuses, le mont Logan atteint près de 6 000 m d'altitude. Au nord se trouvent les îles de l'océan Arctique et au centre-ouest de grandes prairies. L'est du territoire est occupé par la baie d'Hudson, entourée par les vieilles montagnes du bouclier canadien. Les hivers sont très froids, mais les étés peuvent être chauds et humides, surtout au sud. La forêt recouvre plus d'un tiers du pays et seulement 20 % du territoire sont habités par l'homme. Une partie de la frontière avec les États-Unis est formée par les 5 grands lacs, ils ont été creusés par des glaciers il y a plus de 10 000 ans.

Les États-Unis

Les États-Unis sont une fédération de 50 États. Seuls l'Alaska et Hawaii ne sont pas situés entre le Canada et le Mexique. Le mont Mc Kinley en Alaska atteint 6 194 m, mais l'ensemble de l'ouest des États-Unis est marqué par les montagnes Rocheuses. À l'est se trouvent les monts Appalaches, plus vieux et plus bas. Le centre est occupé par de grandes plaines fertiles pour la culture du maïs et du blé, mais également pour le pâturage du bétail (ranch). Au sud-est, la Floride se présente comme une pointe s'avançant dans l'océan, elle bénéficie d'un climat subtropical chaud et humide et est surtout occupée par des marais.

Le Mexique

Le Mexique est un pays très montagneux, formé par des volcans (point culminant à 5 750 m, le Citlatépetl) et des hauts plateaux. La Sierra Madre occidentale et orientale prolonge les montagnes Rocheuses. La répartition du climat se fait en fonction de l'altitude, les zones les plus basses sont tropicales, les plus hautes subissent un climat froid de montagne. Les zones d'altitude moyenne bénéficient d'un climat tempéré.

L'Amérique centrale et les Antilles

L'Amérique centrale forme l'étroite bande de terre qui relie l'Amérique du Nord à l'Amérique du Sud. Sept pays composent l'Amérique centrale : Guatemala, Belize, Honduras, Salvador, Nicaragua, Costa Rica et Panama. La Sierra Madre mexicaine se prolonge à travers l'Amérique centrale, les volcans (point culminant à 4 220 m, le volcan Tajumulco au Guatemala) et les tremblements de terre y sont nombreux. À l'est, la mer des Caraïbes abrite les Antilles. Ce sont des îles, souvent d'origine volcanique dont Cuba est la plus grande.

Le Canada compte de nombreux lacs aux formes allongées comme le lac Louise en Alberta. Ils sont les traces des passages de glaciers.

Le bison passe beaucoup de temps à brouter en troupeaux et se repose pour ruminer. Il a pratiquement disparu à l'état sauvage.

MER DE BEAUFORT

Colville
Chaîne de Brooks
Noatak
2699M Mt Michelso
Détroit de Béring
Koyukuk
Yukon
Porcupine
Golfe de Norton
Tanama
Île Saint-Laurent
Yukon
Monts Kuskokwim
6194M Mt Mc Kinley
Chaîne d'Alaska
Cap Romanzof
4996M Mt Blackbu
Mts Chugach
Lac Iliamna
Baie de Bristol
Péninsule d'Alaska
Île Kodiak
Golfe d'Alaska

Hauts de près de 100 m, les séquoias du parc Yosemite aux États-Unis sont les plus grands arbres de la Terre. Certains ont plus de 3 000 ans.

Créé en 1872 aux États-Unis, le parc naturel de Yellowstone est le plus vieux du monde. Il est célèbre pour ses sources chaudes et ses geysers* hauts de 50 m.

Les aiguilles de grès de Monument Valley aux États-Unis ont été façonnées par l'action combinée de la chaleur, du froid, de l'eau et du vent.

Dans l'ouest des États-Unis, le Grand Canyon a été creusé par le fleuve Colorado. Sa profondeur varie entre 1 000 et 2 000 m.

Dans les forêts et les steppes du Canada, l'ours brun est un redoutable carnivore parfaitement adapté aux rigueurs du climat du grand Nord.

L'orignal, cousin des élans européens, se déplace en troupeaux de plusieurs dizaines de milliers d'individus.

Le climat subtropical des marais des Everglades en Floride a facilité le développement des alligators.

Baignées par l'océan Atlantique et le soleil des tropiques, les îles des Antilles sont des petits paradis pour touristes.

De manière tout à fait naturelle, le vent et les pluies ont sculpté des arches de pierre dans le grès rouge ou le schiste de la Vallée des Arches aux États-Unis.

Au Mexique, la forêt tropicale humide du Yucatán abrite une flore et une faune* très abondantes.

C'est à Cuba que sont produits les fameux "havanes", les cigares les plus réputés au monde.

Map labels

Île Axel Heiberg
Ellesmere
Détroit Nares
Terre Lambert
Terre Germania
Baie de Dove
Terre Reine Louise
Terre Reine Margrethe II
Groenland
Cap York
Île de Cournouaille
Île Devon
Détroit de Lancaster
Détroit Mc Clure
Île Melville
Détroit du Vicomte-Melville
Île Stefansson
Île Somerset
Île Bylot
Baie de Baffin
Île Banks
Île du Prince de Galles
Péninsule Borden
Canal de McClintock
Péninsule de Brodeur
Golfe de Boothia
Péninsule de Boothia
Terre de Baffin
Île Victoria
Golfe d'Amundsen
Île du Roi Guillaume
Péninsule de Melville
2591M Penny Highland
Anderson
Golfe du Couronnement
Mackenzie
Monts Mackenzie
Coppermine
Burnside
Back
Thelon
Lac Aberdeen
Bassin de Foxe
Lac Nettilling
Détroit de Davis
2972M Mt Roosevelt
Grand Lac de l'Ours
Back
Lac Amadjuak
Péninsule Hall
Peel
Liard
Lac Dubawnt
Île Southampton
2850M
Yukon
Grand Lac des Esclaves
Côte du Roi Frederik VI
Chaîne Côtière
Lac Athabasca
Lac Wollaston
Baie d'Hudson
Péninsule d'Ungava
2289M
eine otte
Montagnes
Fraser
Athabasca
Lac du Caribou
Lac Sud des Indiens
Baie d'Ungava
Cap Farewell
Détroit du Danemark
4016M Mt Waddington
Peace
Red Deer
Saskatchewan du N.
Nelson
Churchill
Îles Belcher
Leaf
Mer du Labrador
Île de Vancouver
Columbia
Saskatchewan du S.
Rocheuses
Severn
Winisk
Baie de James
George
Rés Smallwood.
ander
Missouri
Réservoir de Garrison
Lac Winnipeg
Albany
La Grande
Labrador
Chaîne Cascades
Réservoir de Fort Peck
Lac Manitoba
Lac des Bois
Lac Nipigon
Eastmain
Les Laurentides
4317M Mt Shasta
Parc national de Yellowstone
Grandes Plaines
Lac Supérieur
Réservoir Cabonga
St-Laurent
Terre-Neuve
Sierra Nevada
Grand Lac Salé
Mississippi
Lac Huron
Lac Michigan
Lac Mistassini
Golfe du Saint-Laurent
Île du Cap Breton
OCÉAN PACIFIQUE
Grand Bassin
Parc nat. du Yosemite
Platte
Missouri
Lac Ontario
Lac Érié
Chutes du Niagara
Nouvelle-Ecosse
Vallée de la Mort
Plateau du Colorado
Lac Powell
Colorado
Arkansas
Ohio
Appalaches
OCÉAN ATLANTIQUE
Désert de Mohave
Parc nat. du Grand Canyon
Tennessee
2034M Mont Mitchell
Basse-Californie
Llano Estacado
Pecos
Red River
Mississippi
Bermudes
Sierra Madre occidentale
Rio Grande
Golfe de Californie
Les Everglades
Golfe du Mexique
Grandes Antilles
Turks et Caicos
5452M Popocatépetl
5750 M Citlatépetl
Sierra Madre oriental
Péninsule du Yucatán
Îles Caïmans
3175M Pic Duarte
Puerto Rico
Îles Vierges
Saint-Martin
Montserrat
Guadeloupe
Sierra Madre del Sur
4220M Tajumulco
Mer des Caraïbes
Antilles néerlandaises
Aruba Curaçao
Petites Antilles
Martinique
Fosse du Guatemala
Lac Nicaragua
Canal de Panama
3819M Chirripo Grande

L'Amérique du Nord et centrale humaine

Avant l'arrivée des colons européens, les Indiens occupaient toute l'Amérique du Nord. Aujourd'hui, des réserves leur sont réservées où ils perpétuent leurs coutumes et leur mode de vie.

Dans le mont Rushmore (Dakota du Sud) aux États-Unis, des bustes de 20 m de haut des présidents G. Washington, T. Jefferson, T. Roosevelt et A. Lincoln ont été sculptés.

La règle du rodéo est assez simple : il faut monter sur un cheval et s'agripper plus de 8 secondes sans tomber.

Au Guatemala, l'ancienne ville de Tikal est la plus grande cité de l'empire maya. Le temple à 2 têtes de serpents est le plus élevé, il est haut de 65 m.

La ville de San Francisco est construite dans un site au relief accidenté. Elle est parcourue par un réseau de tramways appelés "Cable Cars", qui descendent et remontent les fortes pentes accrochés à un câble.

Le canal de Panama a été administré par les États-Unis jusqu'en 1999. Malgré le coût du passage et ses 6 écluses, il épargne aux bateaux un détour de 15.000 km !

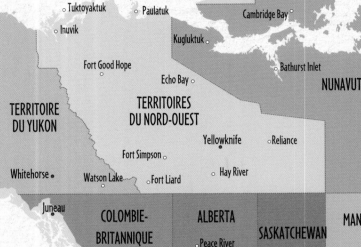

Carte

Tuktoyaktuk · Paulatuk · Cambridge Bay · Gjoa Haven
Inuvik · Kugluktuk · Bathurst Inlet · Repulse Bay

ALASKA (États-Unis)
Fairbanks

Fort Good Hope · Echo Bay · NUNAVUT · Baker Lake · Coral Harbour · Cap Dorset · Iqaluit

TERRITOIRE DU YUKON · TERRITOIRES DU NORD-OUEST
Yellowknife · Reliance · Arviat
Fort Simpson · Hay River
Whitehorse · Watson Lake · Fort Liard

Anchorage

Juneau · COLOMBIE-BRITANNIQUE · ALBERTA · SASKATCHEWAN · MANITOBA · Churchill · Inukjuak · Kuujjuaq
Peace River
Prince Ruppert · Prince George · Edmonton · Flin Flon · Grand Rapids · Labrador City
C A N A D A · Saskatoon · QUÉBEC
Vancouver · Calgary · Regina · Winnipeg · Moosonee · Matagami
Victoria · Thunder Bay · Nipigon · ONTARIO · Jonquière
Seattle · MONTANA · DAKOTA DU NORD · MINNESOTA · Sudbury · Québec · Jonquière
WASHINGTON · Olympia · Helena · Bismarck · OTTAWA · Montréal · MAINE
Salem · ÉTATS-UNIS · DAKOTA DU SUD · St Paul · 27 · MICHIGAN · 4 · Montpelier · 1 · Augusta
OREGON · Boise · IDAHO · WYOMING · Pierre · Madison · Lansing · Toronto · 2 · 3 · Concord · Boston
Cheyenne · NEBRASKA · IOWA · Chicago · 5 · Albany · Hartford · 6
CALIFORNIE · NEVADA · Salt Lake City · Des Moines · Springfield · Indianapolis · Columbus · Harrisburg · New York
Sacramento · Carson City · UTAH · Denver · Lincoln · 25 · 15 · 14 · 13 · Charleston · 11 · Philadelphie
San Francisco · Las Vegas · COLORADO · Topeka · Jefferson City · 16 · 12 · Richmond · WASHINGTON D.C.
Santa Fe · KANSAS · Oklahoma City · Evansville · Nashville · 17 · 10
Los Angeles · ARIZONA · NOUVEAU-MEXIQUE · 26 · Little Rock · 22 · 21 · Raleigh
San Diego · Phoenix · TEXAS · 24 · Jackson · Atlanta · 19 · Columbia
Ciudad Juárez · Dallas · Baton Rouge · Montgomery · 20 · Bermud
Austin · Houston · 23 · La Nouvelle-Orléans · Tallahassee
FLORIDE
Monterrey · Miami · BAHAMAS
MEXIQUE · LA HAVANE · NASSAU
Guadalajara · MEXICO CITY · Mérida · CUBA · Turks et Ca R.U.
Veracruz · Îles Caïmans R.U. · HAÏTI · SAINT-DOMINGUE
Acapulco · BELIZE · JAMAÏQUE · PORT-AU-PRINCE · Rép. DOMINICAINE
GUATEMALA · BELMOPAN · Kingston · ST KITTS ET NE
GUATEMALA CITY · HONDURAS · Montser R.
SAN SALVADOR · TEGUCIGALPA · Aruba · Curaçao
EL SALVADOR · NICARAGUA · MANAGUA · STE LUC
SAN JOSÉ · PANAMA CITY · ST VINCENT-ET-LES-GRENADINES
COSTA RICA · PANAMA
TRINITÉ-ET-TOBAGO

La grande forêt canadienne est exploitée. Les troncs coupés dérivent sur les rivières pour arriver à la scierie et y être découpés.

GROENLAND
(DANEMARK)

Dans les grandes étendues enneigées du Canada, on fait encore appel aux chiens pour tirer les traîneaux. Ils sont utilisés depuis très longtemps par les Inuits.

Les Inuits vivent dans le grand Nord canadien où ils perpétuent leurs traditions et leur mode de vie, notamment en habitant dans des igloos* construits en blocs de glace.

Au Canada, le hockey sur glace est le sport n° 1. L'équipe nationale a été plusieurs fois championne du monde et championne olympique.

Nuuk.

(A) NOUVEAU BRUNSWICK
in (B) ÎLES PRINCE EDWARD
(C) NOUVELLE-ÉCOSSE

Makkovik

Terre-Neuve
et Labrador

St Anthony

Port aux Basques
St Jean

harlottetown

alifax

Situé sur le fleuve Saint-Laurent, Montréal est la principale ville du Québec. Le fleuve y est gelé plus de 4 mois par an !

① NEW HAMPSHIRE
② VERMONT
③ MASSACHUSETTS
④ NEW YORK
⑤ PENNSYLVANIE
⑥ CONNECTICUT
⑦ RHODE ISLAND (Providence)
⑧ NEW JERSEY (Trenton)
⑨ DELAWARE (Dover)
⑩ MARYLAND (Annapolis)
⑪ VIRGINIE
⑫ VIRGINIE OCCIDENTALE
⑬ OHIO
⑭ INDIANA
⑮ ILLINOIS
⑯ KENTUCKY
⑰ TENNESSEE
⑱ CAROLINE du NORD
⑲ CAROLINE du SUD
⑳ GEORGIE
㉑ ALABAMA
㉒ MISSISSIPPI
㉓ LOUISIANE
㉔ ARKANSAS
㉕ MISSOURI
㉖ OKLAHOMA
㉗ WISCONSIN

Îles Vierges R.-U.
St Martin FRA.-P.B.
ANTIGUA ET BARBUDA
Guadeloupe FRA.
DOMINIQUE
Martinique FRA.

Offerte par la France aux États-Unis, la statue de la Liberté marque l'entrée du port de New York.

Capitale fédérale des États-Unis depuis 1790, Washington abrite le Congrès (le parlement) et la Maison Blanche.

Le base-ball rassemble les foules dans d'énormes stades et passionne tous les Américains.

Miami est la principale ville de la pointe de la Floride (un État des États-Unis), elle borde l'océan et est un vrai paradis pour les touristes.

RT
PAIN

Ces femmes guatémaltèques en costumes traditionnels très colorés, se rendent au marché pour vendre les productions de leurs cultures.

Le Canada

Le Canada est le deuxième plus grand pays du monde. C'est un État fédéral, c'est-à-dire que certaines provinces disposent d'une autonomie de décision par rapport au gouvernement central. La capitale du pays est Ottawa, on y parle anglais, mais au Québec, région la plus riche en ressources du sous-sol et dont l'économie est la plus développée, on parle le français. Les premiers habitants du Canada sont des Amérindiens venus d'Asie il y a 30 000 ans. Mais depuis la découverte du Canada par les Européens à la fin du XVe siècle, la France et la Grande-Bretagne se sont livrées plusieurs guerres pour se partager le territoire. Le Canada a été un territoire britannique de 1763 à 1867, date à laquelle il est devenu un pays fédéral. Il s'est joint au Commonwealth en 1931, mais la reine d'Angleterre reste le chef de l'État.

Les États-Unis

Les États-Unis constituent un rassemblement de 50 États. Ils ont été fondés par 13 colonies anglaises en 1776 qui se sont révoltées et qui ont proclamé leur indépendance. Petit à petit d'autres États les ont rejoints pour atteindre actuellement une fédération de 50 États. La population des États-Unis est très variée, mais moins de 1 % de la population est encore constituée par les Amérindiens d'origine.
La très grande majorité des Américains est formée des descendants des émigrants provenant du monde entier. L'anglais est la langue la plus parlée, mais l'espagnol et d'autres langues amenées par les différents immigrants sont parlées localement, le français en Louisiane, par exemple.

Le Mexique, l'Amérique centrale et les Antilles

L'ensemble des pays formé par le Mexique, le Guatemala, le Belize, le Honduras, le Salvador, le Nicaragua, le Costa Rica, le Panama et la plupart des îles des Antilles sont des anciennes colonies espagnoles. La langue la plus parlée et commune à tous ces pays est l'espagnol. En dehors des Amérindiens d'origine et des descendants des pays colonisateurs, les populations les plus importantes sont noires. Jusqu'au XIXe siècle, des esclaves noirs étaient amenés d'Afrique pour venir travailler dans les plantations. Un canal de 80 km de long à été creusé à travers l'isthme* de Panama et permet, depuis 1914, de relier l'océan Atlantique à l'océan Pacifique sans devoir contourner l'Amérique du Sud.

L'Amérique du Sud physique

L'Amérique du Sud s'étend sur une superficie de presque 18 millions de kilomètres carrés. Le climat et les paysages que l'on y rencontre sont très variés et dépendent très souvent du relief.

Toute la bordure ouest du continent est occupée par la cordillère des Andes, c'est la plus longue chaîne de montagnes de la Terre, elle mesure plus de 7 000 km de long et atteint presque 7 000 m d'altitude à l'Aconcagua (6 959 m), volcan situé en Argentine.

De nombreux autres sommets dépassent les 5 000 m et dominent l'océan Pacifique tout proche.

Située à cheval sur l'équateur, toute la partie nord de l'Amérique du Sud est couverte par le bassin* du fleuve Amazone. C'est le fleuve le plus puissant de la Terre et le deuxième plus long, il mesure 6 500 km. La forêt équatoriale occupe l'ensemble du bassin et profite de la chaleur, du soleil et de l'humidité pour se développer de manière spectaculaire. Cette forêt abrite le plus grand nombre d'espèces vivantes, à la fois animales et végétales. C'est une des dernières grandes régions sauvages et en partie inexplorées de la planète. La partie sud de l'Amérique du Sud est occupée par la pampa, un paysage formé par de très vastes prairies de très bonne qualité sur lesquelles paissent de très importants troupeaux de bovins.

Plus au sud encore, se trouve la Patagonie, c'est un immense plateau aride où la végétation devient de plus en plus rare au fur et à mesure que le climat se refroidit. À l'extrême sud enfin, se trouve la Terre de Feu, région volcanique qui se termine par le cap Horn, pointe sud de l'Amérique du Sud, endroit célèbre et craint par tous les navigateurs.

Les îles Galapagos appartiennent à l'Équateur et possèdent une faune exceptionnelle telle que les tortues géantes, les varans et autres iguanes.

Île Isabela · Île Santa Cruz · Île San Cristóbal

Îles Galapagos

Golfe Guaya

OCÉAN PACIFIQUE

Le Salto Angel au Venezuela est la plus haute chute d'eau du monde, elle mesure 979 m de haut.

Les mines de fer à ciel ouvert de Belo Horizonte au Brésil participent à la richesse industrielle de cette région.

Au Chili, la vallée de la Lune dans le désert d'Atacama est coincée entre des montagnes dépassant 6 000 m.

Le lama est un symbole des Andes, il peut peser jusqu'à 180 kg et crache de l'eau quand il est fâché. Il est utilisé pour porter des charges en montagne.

Pour cultiver les pentes raides, mais fertiles, de la cordillère des Andes, les hommes ont aménagé de petites terrasses plates qui donnent à la montagne cet aspect d'escalier.

À la frontière entre le Chili et la Bolivie, le volcan Parinacota et son voisin le Pomerape dressent leurs cimes* à une altitude proche des 6 000 m.

Bénéficiant de la chaleur et de l'humidité du climat, les plantations de bananes prospèrent dans les régions proches de l'équateur.

L'Amazone est le fleuve dont le débit est le plus important de la Terre. Il prend sa source au Pérou et se jette dans l'océan Atlantique au Brésil.

L'anaconda vit dans la forêt amazonienne, il peut atteindre 10 m de long et peser 250 kg. Il se nourrit de poissons et de mammifères*.

Certaines mygales peuvent atteindre 12 cm de long et 28 cm avec les pattes ! Seules quelques espèces sont venimeuses.

Copacabana est la plage la plus réputée de Rio de Janeiro au Brésil. Son sable est parmi les plus blancs de l'océan Atlantique.

Le roi de la forêt amazonienne est le jaguar. Ce félin est un animal redoutable sans autre véritable prédateur que l'homme et l'anaconda.

Situées à la frontière entre le Brésil, l'Argentine et le Paraguay, les chutes d'Igaçu sont formées d'un ensemble de 275 cascades, certaines atteignant 90 m de haut.

Labels de la carte :

5775M Pic Cristóbal Cólon
Golfe de Panama
Lac de Maracaibo
5007M Pic Bolívar
Delta de l'Orénoque
Cordillère occidentale
Cordillère centrale
Cordillère orientale
Magdalena
Meta
Orénoque
Llanos
Salto Angel
La Gran Sabana
2810M Mont Roraima
Massif des Guyanes
1230M Juliana Top
Guaviare
5897M Cotopaxi
Cordillère royale
6310M Chimborazo
Putu mayo
Caquetá
Japurá
Rio Negro
Rio Branco
Bouches de l'Amazone
Amazone
Marañón
Bassin
Selvas amazonien
Ucayali
Juruá
Purus
Amazone
Tapajós
Xingu
6768M Nev. Huascarán
Madeira
Araguaia
Tocantins
São Francisco
Lac-réservoir de Sobradinho
Cordillère
6421M Nev. Illampu
Lac Titicaca
Altiplano
Désert Atacama
Salar d'Uyuni
Salar d'Atacama
Plateau du Mato Grosso
Plateau du Brésil
Chapada Diamanta
2787M Aghulas Negras
6739M Llullaillaco
Gran Chaco
Bermejo
Pilcomayo
Paraguay
Paraná
Serra Do Mar
6880M Ojos del Salado
Barrage d'Itaipu
Chutes d'Iguaçu
Campos
Uruguay
Salinas Grandes
Paraná
Uruguay
Lagune Mar Chiquita
Laguna dos Patos
6959M Aconcagua
Îles Juan Fernández
Andes
Pampa
Rió de la Plata
Río Salado
Colorado
Colorado
Negro
Golfe San Matías
OCÉAN ATLANTIQUE
Île de Chiloé
Golfe du Corcovado
Chubut
Lac Colhué Huapí
Río Chico
Golfe de San Jorge
Archipel des Chonos
Patagonie
Deseado
Golfe de Penas
3380M Cerro Piramide
Lac de Buenos Aires
Lác Argentino
Bahía Grande
Détroit de Magellan
Terre de Feu
Cap Horn
Îles Falkland (Îles Malouines)
705

L'Amérique du Sud humaine

L'île de Pâques est l'île la plus isolée du monde, elle appartient au Chili. Les habitants de l'île ont sculpté 300 statues géantes (4 à 8 m de haut), appelées moais.

Les ruines de Machu Picchu au Pérou sont les traces d'une ville construite par les Incas à 2 340 m d'altitude. Elle est invisible depuis la vallée.

Les agriculteurs de la cordillère des Andes doivent descendre dans les vallées et les villes pour vendre leurs produits sur des marchés.

Le lac Titicaca situé à la frontière de la Bolivie et du Pérou est le lac navigable le plus haut du monde. Les Indiens vivant sur les rives se déplacent en barques faites de roseaux.

Carte

Barranquilla · Cartagena · Maracaibo · CARACAS · Maturin · Mérida · Ciudad Bolívar · Ciudad Guayana · Cúcuta · GEORGETOWN · PARAMARIBO · Cayenne · Medellín · BOGOTÁ · VENEZUELA · GUYANA · SURINAME · Manizales · Cali · GUYANE FRANÇAISE · COLOMBIE · Puerto Inírida · Boa Vista · Popayán · Macapá · Esmeraldas · Pasto · Mitú · Belém · São Luis · ÉQUATEUR · QUITO · Santarém · Fortaleza · Portoviejo · Cuenca · Teresina · Mossoró · Natal · Guayaquil · Imperatriz · João Pessoa · Sullana · Iquitos · Manaus · Recife · Piura · Leticia · Juàzeiro · Maceió · Chiclayo · Palmas do Tocantins · Aracaju · Trujillo · Pucallpa · Salvador · Chimbote · Rio Branco · Porto Velho · BRÉSIL · Itabuna · LIMA · Huancayo · Cuzco · Vitória da Conquista · PÉROU · BOLIVIE · Cuiabá · Anápolis · BRASÍLIA · Arequipa · LA PAZ · Rondonópolis · Goiânia · Governador Valadares · Arica · SUCRE · Santa Cruz · Belo Horizonte · Vitória · Iquique · Potosí · Corumbá · Campo Grande · São Carlos · Rio de Janeiro · Tarija · PARAGUAY · Antofagasta · Calama · Pedro Juan Caballero · São Paulo · Santos · Salta · Concepción · Curitiba · San Miguel de Tucumán · ASUNCIÓN · Ciudad del Este · La Serena · Resistencia · Florianópolis · Santiago del Estero · Posadas · Córdoba · Santa Fe · Caxias do Sul · Valparaíso · Mendoza · Rosario · Salto · Rivera · Porto Alegre · SANTIAGO · Río Cuarto · URUGUAY · Rio Grande · Rancagua · BUENOS AIRES · Mercedes · MONTEVIDEO · Talca · Concepción · ARGENTINE · Mar del Plata · Temuco · Neuquén · Bahía Blanca · Puerto Montt · San Carlos de Bariloche · Viedma · Rawson · Comodoro Rivadavia · Îles Falkland (Îles Malouines) (ROYAUME-UNI) · Stanley · Puerto Natales · Río Gallegos · Punta Arenas · Ushuaia

Les Incas possédaient beaucoup d'or et s'en servaient pour réaliser des statues, des motifs, des pendentifs aux formes souvent anguleuses.

La forteresse géante des Incas est située à quelques kilomètres de Cuzco, au Pérou, ancienne capitale de l'empire inca à 3 415 m d'altitude.

Construite entre 1959 et 1970 selon les plans de l'architecte Oscar Niemeyer, la cathédrale de Brasilia, capitale du Brésil, s'élance vers le ciel.

Rio de Janeiro est la capitale mondiale du carnaval.
Ses écoles de samba (danse brésilienne) rivalisent d'originalité dans le choix des décors et des costumes.

Santa Fe de Bogota, capitale de la Colombie, est bâtie sur un plateau à 2 650 m d'altitude. La cathédrale a été construite au cœur du vieux quartier.

Des conditions de vie difficiles n'empêchent pas les enfants de la cordillère des Andes de s'habiller de manière gaie, colorée et contrastée.

Le tango est une danse inventée en Argentine qui a conquis le monde entier dans la première moitié du XXe siècle.

Dominant la baie de Rio de Janeiro au Brésil, un christ immense est placé au sommet d'une montagne et protège la ville.

Les premiers habitants de l'Amérique du Sud sont des Amérindiens provenant d'Amérique du Nord et d'Asie. Ils ont franchi le très étroit détroit de Béring, séparant l'Amérique du Nord de l'Asie, à une époque où celui-ci se trouvait gelé et permettait un lien direct et à pied entre les 2 continents.

Ces Amérindiens ont développé des civilisations très évoluées dans toutes les régions de l'Amérique du Sud. Les Toltèques, les Aztèques, les Incas et les Mayas (en Amérique centrale et en Colombie) ont dominé le continent les uns après les autres. Ces civilisations ont été anéanties par l'arrivée des Européens.

Les Espagnols et les Portugais ont colonisé l'Amérique du Sud à partir du XVIe siècle. Les frontières actuelles des États sont en grande partie la conséquence de cette colonisation. La population augmente rapidement et habite principalement en ville. Les villes de Rio de Janeiro, São Paulo, Caracas, Lima, Bogota et Buenos Aires comptent plusieurs millions d'habitants, São Paulo dépassant les 17 millions d'habitants. Les différences sociales sont très importantes dans les villes. Les populations pauvres se rassemblent et s'entraident dans des bidonvilles*. Les personnes aux revenus les plus élevés vivent dans des quartiers semblables à ceux des grandes villes occidentales.

Avant l'arrivée des Européens, les peuples amérindiens parlaient de nombreuses langues. Les colons ont imposé l'espagnol comme langue dominante, le portugais s'imposant au Brésil.

La moitié de la population de l'Amérique du Sud se trouve au Brésil, pourtant la densité y est faible car de nombreux espaces comme la forêt amazonienne sont presque inhabités.

L'Amérique du Sud possède d'importantes richesses économiques. Le Venezuela est un important exportateur de pétrole. Le Chili est un des premiers producteurs de cuivre, à elles seules les mines de Chuquicamata contiennent 25 % des réserves mondiales. L'ensemble de la cordillère des Andes est également riche en étain*. Au niveau agricole, le Brésil est un des plus gros exportateurs d'hévéa* et de café tandis que la réputation des bovins argentins a largement conquis la planète entière.

L'Asie physique

L'Asie est le plus grand continent de la Terre. C'est également le continent dont l'altitude moyenne est la plus élevée, près de 900 m. Le plus haut sommet de la planète est encore en Asie, le mont Everest atteint 8 848 m d'altitude. Celui-ci est situé dans la chaîne de l'Himalaya. Ces montagnes sont créées par la collision entre la plaque tectonique de l'Inde et celle de l'Asie, l'Inde s'enfonce sous l'Asie en provoquant le soulèvement de celle-ci.

La péninsule du Kamtchatka, le Japon, les Philippines et l'Indonésie sont parsemés de volcans en activité. Leurs explosions causent souvent de nombreux morts en raison du nombre très important de personnes qui vivent à proximité de ces volcans et qui bénéficient des cendres volcaniques fertiles pour obtenir de meilleures récoltes agricoles.

Presque tous les grands fleuves d'Asie prennent naissance dans l'Himalaya. L'Ienisseï et la Lena traversent le continent vers le nord pour se jeter dans l'océan Arctique. Le Huang He et le Yang tsé Kiang rejoignent la mer de Chine à l'est. Le Gange, l'Indus, le Brahmapoutre ou le Mékong descendent des montagnes vers le sud et l'océan Indien.

La saison de la mousson d'été met fin à une période de 6 mois de sécheresse. Cependant, elle provoque chaque année de très importantes inondations. Les pluies sont très abondantes, les fleuves débordent, emportant avec eux parfois des villages entiers et faisant des milliers de morts.

La variété des paysages et des climats est très grande. La toundra et la taïga occupent les plaines de Sibérie proches de l'océan Arctique. Le désert de Gobi est le désert froid le plus grand de la Terre ; il se trouve au centre du continent et ne reçoit jamais de pluie. La Grande plaine de Chine est intensément cultivée tandis que de nombreuses parties de l'Inde et toute l'Asie du Sud-Est sont couvertes par la forêt et la jungle tropicale.

Les pays entourant le golfe Persique, à l'ouest du continent, sont situés près du tropique du Cancer et ne sont presque jamais arrosés par la pluie, les paysages sont occupés par des déserts de sable ou de pierre.

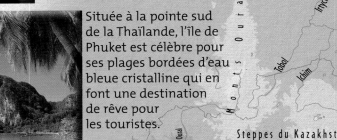

La mer Morte est une mer fermée. Elle est le point le plus bas de la terre, 399 m en dessous du niveau de la mer et contient énormément de sel.

La Cappadoce est une région de Turquie où les habitants ont construit leur habitation dans la roche pour se protéger de la chaleur.

Située à la pointe sud de la Thaïlande, l'île de Phuket est célèbre pour ses plages bordées d'eau bleue cristalline qui en font une destination de rêve pour les touristes.

Ce grand félin est un tigre d'Asie. Aujourd'hui, cet animal est en voie de disparition car son habitat naturel est en grande partie détruit.

L'Himalaya est la plus haute chaîne de montagnes du monde. Elle s'est formée suite à la collision de l'Inde et de l'Asie.

Située à 30 km de Katmandou au Népal, la ville de Nagarkot offre une vue splendide sur 5 des 10 plus hautes montagnes du monde dont l'Everest.

Archipel de Nouvelle-Sibérie

Péninsule du Taïmyr
Lac Taïmyr
Piassina
Kheta
Plaine de Sibérie septentrionale
Kotouï
Olenek
Léna
Monts de Verkhoïansk
Iana
Indiguirka
Kolyma
Anadyr
Détroit de Long

insule
e Gyda
Ienisseï
Monts Poutorana
2037M

Détroit de Béring
Golfe de l'Anadyr

L'exploitation du sel en Inde se fait dans des conditions très dures, mais elle permet à de nombreuses familles de gagner plus d'argent qu'en cultivant des terres.

Plateau
de Sibérie
centrale
Vilouï
2383M
3003M
Gora Pobéda
Monts de la Kolyma
Monts Koriaks
2562M
Cap Olyutorskiy

laine de
ibérie
ccidentale
Lower
Tunguska
Gravelly Tunguska
Ienisseï
Ob
Vilouï
Léna
Léna
Aldan

MER DE BÉRING

Lac-réservoir de Bratsk
2572M 2840M
2467M
Monts Stanovoy
Monts Djougdjour
MER D'OKHOTSK
Cap Elizabeth
Piémonts du Kamtchatka

Saïans 2922M orientales
Lac Baïkal (1637 M)
Amour
Réservoir de Zéïa
Sakhaline
Cap Lopatka

4506M
Mont Bieloukha
3121M
3492M
4374M
Uda
Monts Iablonovyï
Selenga
Amour
Teïa
Mandchourie
Détroit de Tartarie
Îles Kouriles

4362M
Monts Altaï
Grand Khingan
Skholté Altïn
Détroit de La Pérouse
2290M
Mont Asahi
Hokkaido

Le mont Fuji-Yama est un volcan sacré, lieu de pèlerinage. Il est situé au Japon et culmine à 3 776 m d'altitude, sa dernière éruption a eu lieu en 1707.

khach
7439M
Pic Pobedy
Désert de Gobi
Lac Kanka

an Shan
Tarïm Hé
MER DU JAPON
Honshu

ur Shan
Bassin du Tarim
7723M
Muztag
Altun Shan
Qilian Shan
Lac de Qinghaï
Huang Hé
3776M
Mont Fuji-Yama
OCÉAN PACIFIQUE

Massif des Kunlun
Plateau du Tibet
Huang Hé
MER JAUNE
Shikoku
Kyushu
Archipel d'Izu

alaya
7756M
Namjagbarwa Feng
5881M
Hkakabo Razi
Yang tsé Kiang
Mer de Chine orientale

8848M
Mt Everest
Brahmapoutre
Îles Riou-Kiou

Gange
Détroit de Formose
3997M

arbada
Mahanadi
ateau
Deccan
Irrawaddi
Mékong
3143M
Détroit de Luçon

Godavéri
na
Ghâts orientaux
2163M
2820M
Hainan
1867M
2929M
Luçon

Golfe du Bengale
Indochine
Mer de Chine méridionale
Mindoro
MER DES PHILIPPINES

Les îles Maldives se sont formées sur des récifs de coraux*. Elles sont situées à l'ouest de l'Inde et sont menacées de disparition par la montée des océans.

Îles Andaman
MER D'ANDAMAN
1771M
Panay
Negros
Samar
Philippines

2524M
Îles Nicobar
Golfe de Thaïlande
Palawan
4101M
Kinabalu
MER DE SULU
2954M
Mindanao

À Lijiang en Chine, la montagne de l'éléphant se reflète à la surface des eaux du lac du dragon noir, réputé pour la clarté de ses eaux.

Lac Toba
MER DE CÉLÈBES
Moluques

Comme on peut le voir au Vietnam dans la baie d'Along, les côtes de la Thaïlande et du Vietnam présentent parfois des formes très spectaculaires.

3805M
Bornéo
3455M
Séram
3019M
5030M
Puncak Jaya

Sumatra
MER DE JAVA
Célèbes
Buru
MER DE BANDA

3676M 3142M 2821M
Flores
2960M
MER D'ARAFURA

Java
Bali
Lombok
Sumbawa
5726M
2149M
Sumba
Timor
MER DE TIMOR

L'Asie produit 92 % de la récolte mondiale de riz, notamment grâce à ses cultures en terrasses assurant l'alimentation en eau de toutes les parcelles.

Emblème de la lutte pour la sauvegarde des espèces animales menacées de disparition, le panda géant vit en Chine et ne se nourrit que de bambou.

L'Asie humaine

Jérusalem est une ville sainte pour les 3 religions monothéistes. La mosquée du dôme du Rocher (lieu saint des musulmans) surplombe le mur des Lamentations (lieu saint des juifs).

Au Cambodge, le temple d'Angkor Vat a été construit au XII⁰ siècle par le roi Suryarman II à la gloire de Bouddha et des rois cambodgiens.

Le palais du Potala à Lhassa, capitale du Tibet, était la résidence du dalaï-lama, chef spirituel du bouddhisme tibétain.

Capitale de la Corée du Sud, la ville de Séoul est un grand pôle industriel et économique.

Voici une des portes d'entrée de la ville de Khiva en Ouzbékistan. Elle est vieille de plus de 2 500 ans et est surnommée la ville-musée.

Krasnoïarsk
Omsk Novossibirsk
Petropavlosk Barnaoul **FÉDÉRATION DE RUSSIE**

Irkoutsk
Oulan-Oude
ASTANA Erdenet Darhan
KAZAKHSTAN **OULAN-BATOR**

MONGOLIE

Qyzylorda Shihezi
Yining Urümqi
BICHKEK **MONGOLIE**
OUZBÉKISTAN **KIRGHIZISTAN** Yumen Baotou

GÉORGIE TBILISSI TACHKENT **XINJIANG**
ARMÉNIE **AZERBAÏDJAN** Xining Lanzhou
Istanbul EREVAN BAKOU **TURKMÉNISTAN** Samarkand **TADJIKISTAN** Xi'a
ANKARA ACHKABAD DOUCHANBÉ
Izmir **TURQUIE** Kurdistan Mazar-i Charif KABOUL **TIBET** Chengdu
BEYROUTH Kirkouk TÉHÉRAN **IRAN** Heràt ISLAMABAD Lhassa
SYRIE **IRAK** **AFGHANISTAN** CASHMIRE **CHIN**
LIBAN DAMAS BAGDAD Ispahan Kandahar Dharmshala
JÉRUSALEM AMMAN Bassora NEW DELHI **NÉPAL** **BHOUTAN**
ISRAËL **JORDANIE** KOWEÏT **KOWEÏT** Chiraz **PAKISTAN** Jaipur KATMANDOU THIMPHU Kunming
BAHREÏN ÉMIRATS Karachi Varanasi **BANGLADESH** Canto
MANAMA **QATAR** ARABES UNIS Calcutta DACCA Mandalay
Médine RIYAD DOHA Dubaï MASCATE **INDE** **LAOS** HANOI Mac
La Mecque ABU DHABI Mumbai **MYANMAR** VIENTIANE Haiko
ARABIE **OMAN** (Bombay) RANGOON **THAÏLANDE**
SAOUDITE Madras BANGKOK
YÉMEN Salalah **CAMBODGE**
SANAA Aden PHNOM PENH Ho Chi Minh-V
SRI LANKA (Saïgon)
MALDIVES MALE COLOMBO **MALAISIE**
Cochin KUALA LUMPUR
Medan Johor Baharu
SINGAPOUR
Sumatra Pontiana
Padang Palembang
JAKARTA Java Suraba
Yogyakarta

Les représentations du Bouddha peuvent parfois prendre des dimensions gigantesques comme cette statue thaïlandaise haute de plus de 20 m.

La mosquée à 2 minarets de Dubaï aux Émirats arabes unis, est un des bâtiments les plus imposants de la région du golfe Persique.

La religion hindoue considère comme sacrés des éléments naturels comme le fleuve Gange ou des animaux comme les vaches.

En Chine, à Lintong, la tombe de Qin Shi Huangdi, premier empereur de Chine, mort en 210 av J.-C. est gardée par une armée de plusieurs milliers de soldats en terre cuite.

Les pays et leurs habitants

Formée par une multitude de pays, l'Asie, premier continent par la taille, s'étire d'ouest en est depuis les déserts du Moyen-Orient jusqu'aux îles subtropicales d'Indonésie. Au nord, les steppes des plaines et du plateau de Sibérie offrent un contraste surprenant avec les vallées fertiles de Chine et de l'Asie du Sud-Est.

Singapour est une ville et en même temps un pays. C'est une cité très moderne et dynamique, hébergeant un des plus importants ports du monde.

L'Asie est également le continent le plus peuplé, 60 % de la population de la Terre y habitent, soit plus de 3,5 milliards d'habitants. Des pays surpeuplés se trouvent à côté de zones presque totalement désertiques. La Chine compte à elle seule plus de 1,3 milliard d'habitants, c'est le pays le plus peuplé de la Terre. L'Inde suit la Chine avec plus de 1 milliard d'habitants et si rien ne change, la population indienne dépassera la population chinoise dans moins de 20 ans.

La Cité interdite est située au centre de Pékin, en Chine. C'est l'ancienne résidence des empereurs chinois et l'entrée était strictement interdite au peuple.

L'Asie est composée d'une population multiculturelle et très métissée.

Elle est aussi le berceau des grandes religions : le bouddhisme et l'hindouisme sont largement pratiqués en Asie orientale. Par contre, l'Asie occidentale est le lieu d'origine des 3 religions monothéistes : le judaïsme, le christianisme et l'islam.

Pushkar est la seule ville d'Inde qui possède un temple du dieu hindou de la création, Brahma. Plus de 400 temples sont disséminés dans cette cité.

Manzhouli
aibalsan
INTÉRIEURE
Qiqihar
PÉKIN
Shenyang
Vladivostok
Sapporo
CORÉE DU NORD
PYONGYANG
SÉOUL
JAPON
TOKYO
Zibo
CORÉE DU SUD
Kobe Kyoto
Yokohama
Hiroshima Osaka Nagoya
Nagasaki
Vuhan
Shanghai
TAÏPEÏ
TAÏWAN
ong Kong

La Russie est le plus grand pays de la Terre mais seulement 72 % de son territoire et 20 % de sa population sont situés en Asie. L'ensemble des pays entourant le golfe Persique sont très riches en pétrole. L'Arabie saoudite, à elle seule, possède la moitié des réserves de pétrole connues sur la Terre. Le Japon est un archipel de plus de 4 000 îles volcaniques, la densité de population y est très élevée et le Japon est une des puissances économiques les plus importantes de la planète. La Corée du Sud, Taïwan et Singapour sont des États en pleine croissance économique et industrielle, plus particulièrement dans les domaines de la haute technologie et de l'informatique.

Le Tadj Mahall est un mausolée qui a été construit à Agra en Inde par un empereur au XVIIe siècle pour honorer la mémoire de son épouse.

MANILLE
PHILIPPINES
Cebu
BRUNEI
BANDAR SERI BEGAWAN
Davao

Les tribus de la jungle indonésienne construisent des maisons sur pilotis pour se protéger des fauves et dont le toit prend la forme d'une coque* de bateau.

Bornéo
Samarinda
INDONÉSIE
gpandang
Bali
DILI
TIMOR-LESTE
Timor
Jayapura
Nouvelle-Guinée

Construite pour repousser les envahisseurs venus du Nord, la grande muraille de Chine s'étire sur plus de 6 400 km.

Vivre en Asie

Un charmeur de serpents sur un marché en Inde.

Un pope est un prêtre dans les églises orthodoxes russes.

Une danseuse sacrée au Cambodge.

Un samouraï japonais à cheval en costume traditionnel.

Des moines bouddhistes.

Un nomade, éleveur de chevaux, en Mongolie.

Un soldat en Jordanie en uniforme d'apparat.

Une femme girafe en Birmanie avec un collier pouvant atteindre 8 kg.

L'immensité de l'Asie permet de rencontrer des populations, des traditions et des cultures très diverses. Les festivités du carnaval en Asie du Sud-Est sont très colorées (ici à Singapour).
Si tu te promènes dans l'Himalaya, tu croiseras certainement ces drapeaux de prières, ils sont formés de petits bouts de tissu qui "récitent" des prières chaque fois qu'ils sont balancés par le vent.

Pour les Japonais, la cérémonie du thé est une marque d'accueil lorsqu'on entre dans une habitation. Les pièces de théâtre préférées des Japonais sont des "nôs", qui racontent des histoires dramatiques.

Les Asiatiques de l'est du continent sont également de grands adeptes des arts martiaux, le tai-chi permet de stimuler sa concentration et sa relaxation tandis que les sumos se livrent des combats violents, mais très courts.

Le vélo est roi dans les villes chinoises, tout le monde en possède un et il est bien plus utile qu'une voiture pour se faufiler dans les embouteillages tandis que sur les côtes birmanes ou thaïlandaises, des villages flottants, construits sur pilotis, ne sont accessibles que par bateau.

L'activité économique en Asie

Le développement économique des différentes régions d'Asie est très contrasté.

À l'est du continent, la Corée du Sud, Taïwan, Hong Kong, le Japon, Singapour et certaines parties de la Chine sont très développés et disposent d'une puissance industrielle importante. Les usines électroniques et de construction de matériel informatique sont très nombreuses et inondent la Terre entière de leurs produits. Le Japon est également un très gros constructeur de voitures.

Par contre, dans les campagnes, l'activité agricole domine et des techniques très peu performantes, fort peu mécanisées sont utilisées : l'éléphant travaille le champ, le buffle tire la charrue et bien souvent les récoltes se font encore à la main. La pêche est également une activité de première importance pour tous les pays côtiers.

L'ouest du continent constitue la première région mondiale de production de pétrole. Plus de la moitié des réserves mondiales de pétrole se trouvent également au Moyen-Orient, surtout en Arabie saoudite, au Koweït et en Irak. La Russie possède elle aussi d'importantes réserves de pétrole, mais surtout de gaz naturel.

Artère commerçante en Asie du Sud-Est.

Assemblage d'éléments électroniques pour la haute technologie

Parmi les très nombreuses ressources minières autres que le pétrole et le gaz naturel, on peut signaler que l'Asie du Sud-Est recèle les plus grands gisements d'étain de la planète.

Fabrication industrielle de disques compacts.

Éléphant travaillant dans un champ de riz en Thaïlande.

Récolte du thé en Chine.

Buffle labourant les champs.

Pêcheurs coréens préparant leurs filets.

Station de pompage du pétrole en Irak.

L'Afrique physique

L'Afrique couvre une superficie de 30 millions de km^2 et compte le plus grand nombre de pays : 53 !

Une grande cassure sépare peu à peu l'Afrique en 2 morceaux. La pointe du continent, entre l'Éthiopie et le Mozambique finira par se détacher et dérivera vers l'est. Cette cassure est appelée le « grand rift africain » et se marque par la présence de nombreux volcans en activité et de lacs aux formes allongées du nord au sud. Le sommet de l'Afrique est le volcan Kilimandjaro en Tanzanie avec une altitude de 5 895 m. L'Afrique est traversée du sud au nord par le plus long fleuve du monde, le Nil, 6 700 km. Le fleuve Congo (4 700 km) a le deuxième plus gros débit au monde après l'Amazone.

En Afrique, il n'y a pas de grandes chaînes de montagnes aux sommets comparables à l'Himalaya ou à la cordillère des Andes. Au nord, les monts Atlas en Algérie et au Maroc dépassent à peine 4 000 m d'altitude. En Afrique du Sud, le Drakensberg plafonne à 3 482 m et si l'on rencontre des plus hauts sommets à l'est de l'Afrique, il s'agit le plus souvent de volcans parfois en activité.

L'Afrique est située à cheval sur l'équateur, les mêmes types de climat et de végétation se retrouvent dans les parties nord et sud de ce continent. Sur l'équateur se développe la forêt équatoriale, principalement dans le bassin du fleuve Congo. La végétation est luxuriante grâce à la combinaison de la chaleur et de l'humidité. Plus on se dirige vers les tropiques, plus la saison sèche devient longue et la saison des pluies courte. La végétation suit cette évolution et la savane prend petit à petit la place de la forêt. Aux tropiques, il ne pleut pratiquement pas, ce qui provoque l'apparition de grands déserts, le Sahara au nord et le Namib et le Kalahari au sud.

Le long de la mer Méditerranée et à la pointe sud de l'Afrique du Sud, se développe un climat de type méditerranéen, caractérisé par des étés chauds et secs et des hivers doux et humides.

Les fonds de vallées sont intensivement cultivés dans les monts Atlas, chaîne de montagnes provoquée par la collision entre les plaques africaine et eurasiatique.

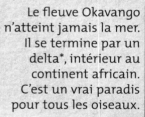

OCÉAN ATLANTIQUE

Le désert du Namib en Namibie est parallèle à l'océan Atlantique, il ne fait jamais plus de 200 km de large, mais la température pendant la journée peut dépasser les 60 °C.

Le Fish river canyon en Namibie est long de 160 km et profond en certains endroits de plus de 550 mètres. En été, cette rivière disparaît parce qu'il y fait trop sec.

Le fleuve Okavango n'atteint jamais la mer. Il se termine par un delta*, intérieur au continent africain. C'est un vrai paradis pour tous les oiseaux.

Situées à la frontière entre la Namibie, le Zimbabwe et la Zambie, les chutes Victoria sur le fleuve Zambèze atteignent une hauteur variant entre 60 et 100 m.

Tout près de la ville de Cape Town en Afrique du Sud, Sandy Bay est une des plages favorites des habitants de la métropole* sud-africaine.

Ensemble d'îles volcaniques, les Seychelles ont une végétation* luxuriante et des plages paradisiaques souvent parsemées de blocs de roches granitiques.

La savane connaît l'alternance de saisons sèches et de saisons humides. Seuls quelques arbres poussent dans les plaines couvertes d'herbes hautes.

Le désert du Sahara est le plus grand désert au monde, il est situé à cheval sur le tropique du Cancer et traverse presque toute l'Afrique d'ouest en est.

Le Nil est le plus long de tous les fleuves. Il prend sa source dans le lac Victoria, traverse l'Ouganda, le Soudan et l'Égypte pour se jeter dans la mer Méditerranée.

Le Kilimandjaro est visible de très très loin ! Son sommet, qui est le point le plus haut d'Afrique, est recouvert par des neiges permanentes.

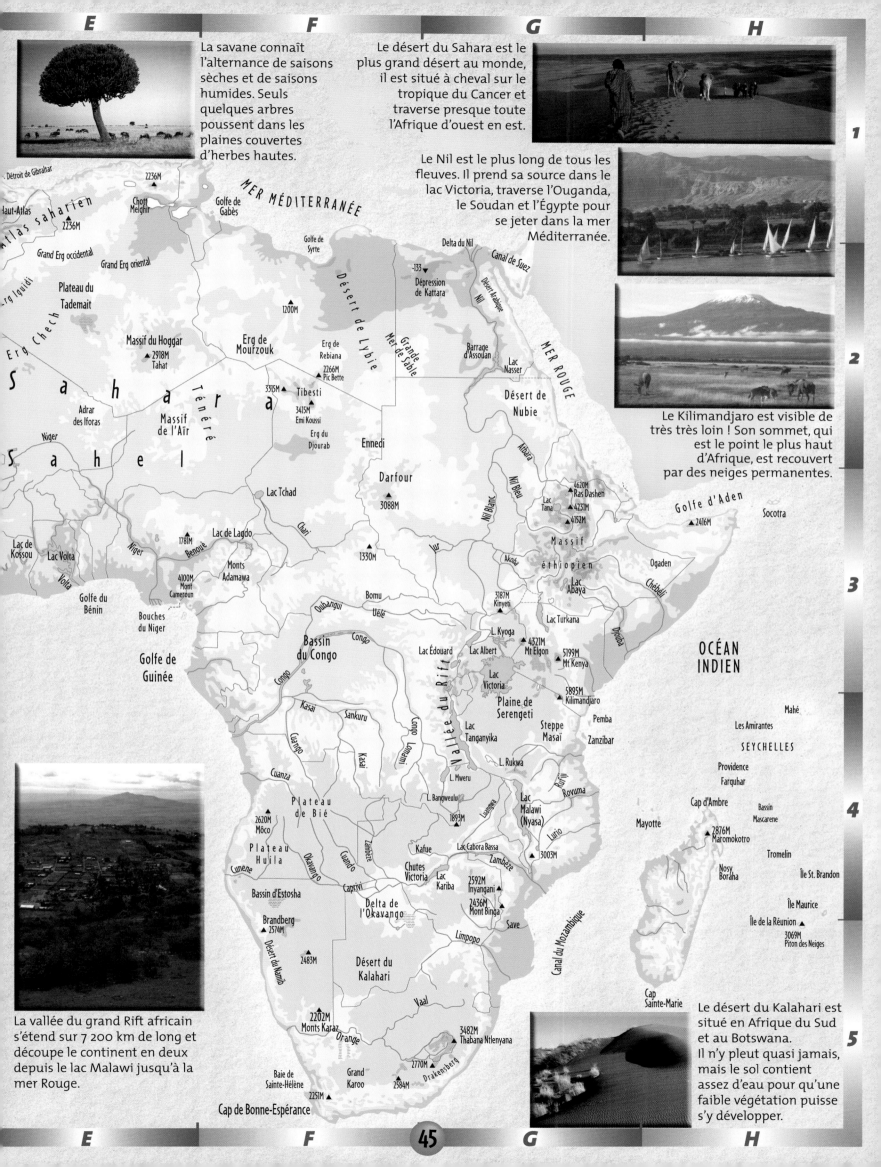

Détroit de Gibraltar
2236M
Haut-Atlas
Chott Melghir
2236M
Atlas saharien
Golfe de Gabès
MER MÉDITERRANÉE
Golfe de Syrte
Delta du Nil
Canal de Suez
Grand Erg occidental
Grand Erg oriental
Erg Iguidi
Plateau du Tademaït
Erg Chech
1200M
Désert de Libye
Grande Mer de sable
Désert Arabique
Nil
Dépression de Kattara
-133
Barrage d'Assouan
Lac Nasser
MER ROUGE
Sahara
Massif du Hoggar
2918M Tahat
Ténéré
Erg de Mourzouk
Erg de Rebiana
2266M Pic Bette
Désert de Nubie
Adrar des Iforas
3315M
Tibesti
3415M Emi Koussi
Massif de l'Aïr
Sahel
Erg du Djourab
Ennedi
Niger
Albara
Nil Bleu
4620M Ras Dashen
4231M
Lac Tana
4152M
Golfe d'Aden
2416M
Socotra
Lac Tchad
Darfour
3088M
Lac de Lagdo
Chari
1781M Benoué
Niger
1330M
Jur
Nil Blanc
Akobo
Massif éthiopien
Ogaden
Chébéli
Lac de Kossou
Lac Volta
Volta
Golfe du Bénin
Monts Adamawa
4100M Mont Cameroun
Bouches du Niger
Bomu
Uélé
Oubangui
3187M Kinyeti
Lac Abaya
Lac Turkana
Drouba
OCÉAN INDIEN
Golfe de Guinée
Bassin du Congo
Congo
Lac Édouard
Lac Albert
L. Kyoga
4321M Mt Elgon
5199M Mt Kenya
Congo
Lac Victoria
Congo
Kasaï
Sankuru
Lomani
Vallée du Rift
5895M Kilimandjaro
Plaine de Serengeti
Mahé
Les Amirantes
Kasaï
Cuango
Lac Tanganyika
Steppe Masaï
Pemba
Zanzibar
SEYCHELLES
Cuanza
L. Rukwa
Providence
Farquhar
Plateau de Bié
L. Mweru
Rufiji
Rovuma
2620M Môco
L. Bangweulu
1893M
Luangwa
Lac Malawi (Nyasa)
Lurio
Cap d'Ambre
Bassin Mascarene
Plateau Huíla
Okavango
Cuando
Zambèze
Kafue
Lac Cabora Bassa
Zambèze
3003M
Mayotte
2876M Maromokotro
Cunene
Captivi
Chutes Victoria
Lac Kariba
2592M Inyangani
Tromelin
Nosy Boraha
Île St. Brandon
Bassin d'Estosha
Delta de l'Okavango
2436M Mont Binga
Save
Île Maurice
Brandberg
2574M
Désert du Namib
2483M
Limpopo
Canal du Mozambique
Île de la Réunion
3069M Piton des Neiges
2202M Monts Karaz
Orange
Désert du Kalahari
Vaal
3482M Thabana Ntlenyana
Cap Sainte-Marie
Baie de Sainte-Hélène
Grand Karoo
2770M Drakensberg
2584M
2251M
Cap de Bonne-Espérance

La vallée du grand Rift africain s'étend sur 7 200 km de long et découpe le continent en deux depuis le lac Malawi jusqu'à la mer Rouge.

Le désert du Kalahari est situé en Afrique du Sud et au Botswana. Il n'y pleut quasi jamais, mais le sol contient assez d'eau pour qu'une faible végétation puisse s'y développer.

1
2
3
4
5

L'Afrique humaine

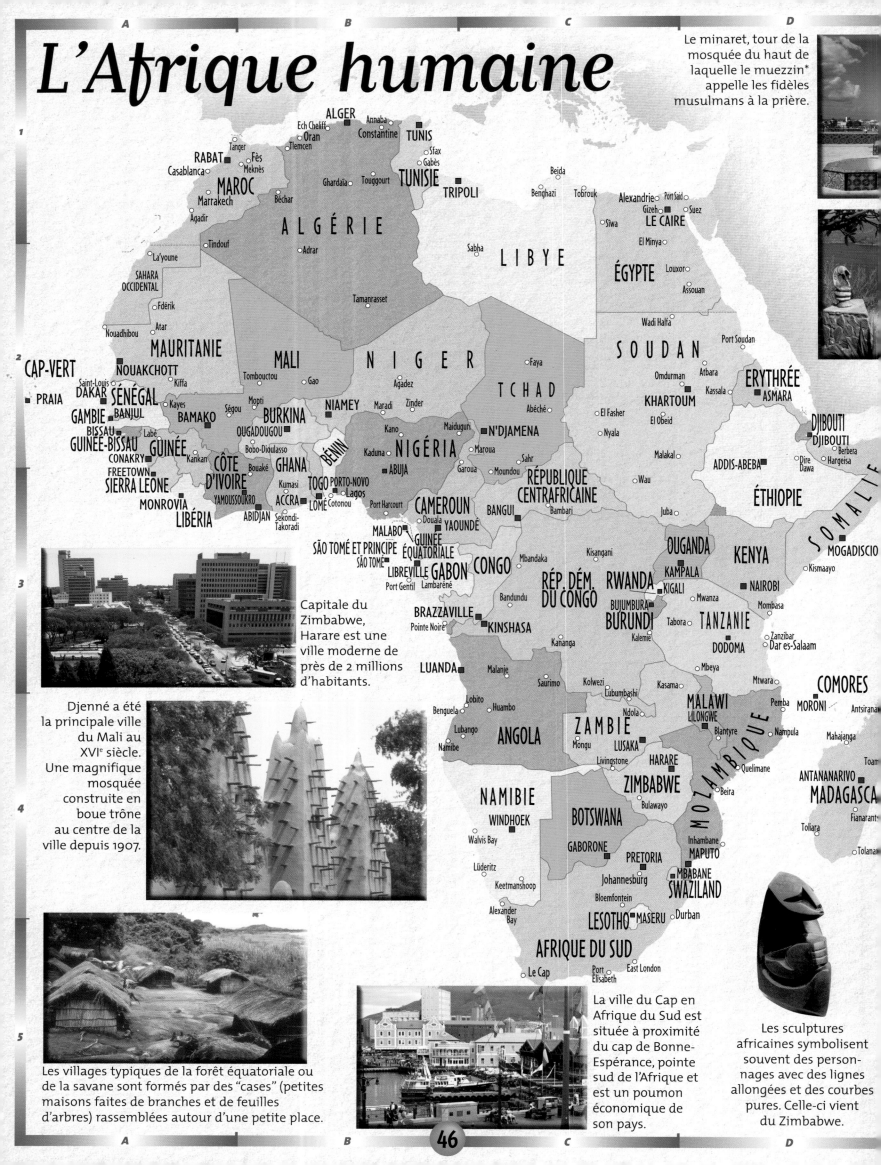

Le minaret, tour de la mosquée du haut de laquelle le muezzin* appelle les fidèles musulmans à la prière.

Capitale du Zimbabwe, Harare est une ville moderne de près de 2 millions d'habitants.

Djenné a été la principale ville du Mali au XVIᵉ siècle. Une magnifique mosquée construite en boue trône au centre de la ville depuis 1907.

Les villages typiques de la forêt équatoriale ou de la savane sont formés par des "cases" (petites maisons faites de branches et de feuilles d'arbres) rassemblées autour d'une petite place.

La ville du Cap en Afrique du Sud est située à proximité du cap de Bonne-Espérance, pointe sud de l'Afrique et est un poumon économique de son pays.

Les sculptures africaines symbolisent souvent des personnages avec des lignes allongées et des courbes pures. Celle-ci vient du Zimbabwe.

Carte : noms de pays et de villes

MAROC — RABAT, Tanger, Casablanca, Fès, Meknès, Marrakech, Agadir, Béchar
ALGÉRIE — ALGER, Ech Cheliff, Oran, Tlemcen, Annaba, Constantine, Ghardaïa, Touggourt, Adrar, Tindouf, La'youne
TUNISIE — TUNIS, Sfax, Gabès
LIBYE — TRIPOLI, Benghazi, Tobrouk, Beïda, Sabha, Tamanrasset
ÉGYPTE — LE CAIRE, Alexandrie, Port Saïd, Suez, Gizeh, Sîwa, El Minya, Louxor, Assouan
SAHARA OCCIDENTAL — Fdérik, Nouadhibou, Atar
CAP-VERT — PRAIA
MAURITANIE — NOUAKCHOTT, Kiffa
MALI — Tombouctou, Gao, Mopti, Ségou, Kayes
NIGER — NIAMEY, Agadez, Maradi, Zinder, Faya
TCHAD — N'DJAMENA, Abéché, Maiduguri
SOUDAN — KHARTOUM, Omdurman, Atbara, Kassala, El Fasher, El Obeid, Nyala, Malakal, Wau, Juba, Wadi Halfa, Port Soudan
ERYTHRÉE — ASMARA
DJIBOUTI — DJIBOUTI, Berbera, Hargeisa, Dire Dawa
SÉNÉGAL — DAKAR, Saint-Louis
GAMBIE — BANJUL
GUINÉE-BISSAU — BISSAU
GUINÉE — CONAKRY, Labé, Kankan
SIERRA LEONE — FREETOWN
LIBÉRIA — MONROVIA
BURKINA — OUGADOUGOU, Bobo-Dioulasso
CÔTE D'IVOIRE — YAMOUSSOUKRO, ABIDJAN, Bouaké, Sekondi-Takoradi
GHANA — ACCRA, Kumasi
TOGO — LOMÉ
BÉNIN — PORTO-NOVO, Cotonou
NIGÉRIA — ABUJA, Lagos, Kano, Kaduna, Port Harcourt, Maroua, Garoua
CAMEROUN — YAOUNDÉ, Douala
GUINÉE ÉQUATORIALE — MALABO
SÃO TOMÉ ET PRINCIPE — SÃO TOMÉ
GABON — LIBREVILLE, Port Gentil, Lambaréné
CONGO — BRAZZAVILLE, Pointe Noire
RÉPUBLIQUE CENTRAFRICAINE — BANGUI, Bambari
RÉP. DÉM. DU CONGO — KINSHASA, Mbandaka, Kisangani, Bandundu, Kananga, Kalemie, Kolwezi, Lubumbashi, Mbuji-Mayi
OUGANDA — KAMPALA
RWANDA — KIGALI
BURUNDI — BUJUMBURA
KENYA — NAIROBI, Mombasa, Kismaayo
SOMALIE — MOGADISCIO
TANZANIE — DODOMA, Mwanza, Tabora, Zanzibar, Dar es-Salaam, Mbeya, Mtwara
ÉTHIOPIE — ADDIS-ABEBA
ANGOLA — LUANDA, Malanje, Saurimo, Benguela, Lobito, Huambo, Lubango, Namibe, Kasama
ZAMBIE — LUSAKA, Ndola, Mongu, Livingstone
MALAWI — LILONGWE, Blantyre
COMORES — MORONI, Pemba, Nampula
MOZAMBIQUE — MAPUTO, Quelimane, Beira, Inhambane
MADAGASCAR — ANTANANARIVO, Antsirana, Mahajanga, Toamasina, Toliara, Tolanaro, Fianarantsoa
NAMIBIE — WINDHOEK, Walvis Bay, Lüderitz, Keetmanshoop
BOTSWANA — GABORONE
ZIMBABWE — HARARE, Bulawayo
SWAZILAND — MBABANE
LESOTHO — MASERU
AFRIQUE DU SUD — PRETORIA, Johannesburg, Bloemfontein, Durban, East London, Port Elisabeth, Le Cap, Alexander Bay

Construites plus de 2 500 ans avant J.-C., les pyramides de Gizeh en Égypte sont les plus grands tombeaux jamais construits par des hommes.

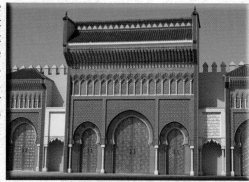

Le palais royal de Fès au Maroc a été construit au XIIIᵉ siècle pour les princes Mérinides. Il s'étend sur plus de 70 hectares.

Un barrage, comme celui-ci au Zimbabwe, permet dans la plupart des cas, d'assurer la distribution d'eau douce pour toute la population.

La majorité des habitants du nord du continent africain sont musulmans et prient dans des mosquées, ici au Niger, parfois somptueusement décorées.

Peuple nomade, les Touaregs traversent le Sahara depuis des siècles pour faire du commerce - surtout du sel, entre le nord et le sud du désert.

VICTORIA
SEYCHELLES

ÎLE MAURICE
PORT LOUIS

(FRANCE)

En Afrique, les femmes deviennent mères très jeunes, comme cette maman d'Angola, et ont souvent de nombreux enfants.

Les Massaïs sont des guerriers courageux et fiers d'Afrique centrale et australe. Aujourd'hui encore, ils perpétuent leurs traditions.

En Afrique, le tchador avec lequel les femmes musulmanes se voilent la tête peut prendre des couleurs gaies et chatoyantes.

Les Zoulous sont aujourd'hui à peu près 2 millions et vivent dans la partie sud de l'Afrique. La plupart d'entre eux ont abandonné la vie rurale pour venir travailler en ville ou dans les mines.

Les frontières des pays africains furent dessinées à la fin du XIXᵉ siècle par les puissances coloniales européennes sans tenir compte des territoires de chaque tribu. Cela entraîna de nombreux problèmes et guerres civiles, qui perdurent encore aujourd'hui. Les principaux pays colonisateurs étaient le Royaume-Uni, la France, l'Italie, l'Espagne, la Belgique et le Portugal. Les pays africains ont, pour la plupart, acquis leur indépendance aux environs de 1960.

L'Afrique compte plus de 500 millions d'habitants, c'est le continent où la croissance démographique* est la plus rapide.

Le nord de l'Afrique est habité surtout par des Arabes qui parlent l'arabe. La civilisation égyptienne a dominé le monde antique pendant plus de 2 000 ans. Certaines peuplades conservent des traditions nomades et transportent des marchandises à travers le désert entre l'Afrique du Nord et les régions au sud du Sahara.

Au sud du Sahara, les populations ont la peau noire, le français et l'anglais sont les langues principales mais plus de 2 000 langues africaines ont été recensées.

Certains pays comme l'Afrique du Sud possèdent une importante population blanche formée par les descendants des colonisateurs européens du début du XXᵉ siècle. Ils occupent en général des postes importants dans les entreprises et les ministères. La moitié nord de l'Afrique pratique majoritairement la religion musulmane tandis que la religion chrétienne domine la partie sud du continent. Certaines tribus de l'Afrique noire pratiquent encore l'animisme, conception générale qui attribue aux êtres de l'univers, aux choses, une âme analogue à l'âme humaine.

Vivre en Afrique

Modes de vie et traditions

L'Afrique est un continent où les traditions remontent à la nuit des temps. 80 années de colonisation européenne n'ont pu les effacer. Chaque tribu a ses traditions propres.

Ainsi, les cérémonies massaïs sont pleines de symboles et les hommes se parent de peintures, d'habits et d'accessoires en rapport avec l'objet de la fête.

Une fantasia marocaine est l'occasion et l'endroit idéal pour les cavaliers de démontrer leur habileté à monter à cheval.

Certaines tribus réalisent des cercueils comme de véritables œuvres d'art, tel ce lion en bois sculpté et peint, prêt à emporter son propriétaire vers l'au-delà.

Les danses et les chants rythment toutes les fêtes africaines. Ici, en Gambie, les femmes jouent même des instruments de musique, tâche en général réservée aux hommes.

Mais la tradition veut également que ce soit les femmes qui s'occupent de toute l'intendance d'une famille. Elles vont chercher l'eau aux puits ou à la rivière, elles cultivent la terre et pilent* le manioc pendant de longues heures. Le manioc est une plante dont la racine est broyée et sert, sous forme de farine, d'aliment de base à toute l'Afrique subsaharienne*.

Activités économiques

La très grande majorité des activités économiques en Afrique est liée à l'utilisation des ressources naturelles du sous-sol, du sol et des océans.

Les réserves d'or et de diamant sont parmi les plus importantes de la planète et l'Afrique du Sud est aujourd'hui le principal pays africain exportateur de ces richesses. De nombreux gisements* existent dans d'autres pays, mais sont peu ou mal exploités, voire totalement inexploités.

L'océan offre aux pêcheurs, ici au Sénégal, des ressources de nourriture presque inépuisables tandis que la terre et le climat chaud permettent la production intensive de grains de café et de fèves de cacao destinés à être vendus à l'étranger.

Le Maroc s'est spécialisé dans la production de cuir à partir des peaux achetées à des éleveurs de bétail venus parfois des confins* du Sahara. Ici à Fès, les cuirs sont d'abord tannés puis plongés dans des grandes bassines selon la couleur désirée pour ensuite être assemblés et servir à la fabrication d'objets et de vêtements.

Le nord du continent africain est aussi réputé pour la qualité de ses orfèvres. En plein souk* d'une ville tunisienne, cet artisan travaille le bronze avec un doigté expérimenté.

La terre et l'océan se combinent pour donner le sel. Il est utilisé pour la cuisine, mais il est surtout indispensable à la bonne conservation des aliments dans ces pays chauds où refroidir pour conserver coûte très cher. Mais le lieu principal de toute activité commerciale en Afrique reste le marché où chacun, agriculteur, artisan, commerçant, nomade peut venir vendre ses marchandises et acheter de quoi subvenir à ses besoins et à ceux de sa famille.

Les animaux sauvages d'Afrique

Le continent africain propose une faune exceptionnelle tant par sa diversité que par ses formes. Le lion, roi des animaux, règne sur la savane tout en dormant jusqu'à 20 heures par jour. Les femelles, elles, chassent et s'occupent des petits.

L'éléphant est le plus gros animal terrestre vivant actuellement, il peut peser jusqu'à 6 tonnes et dépasser 4 m de haut. À sa naissance, l'éléphanteau pèse déjà plus de 100 kg. L'éléphant mange et boit à l'aide de sa trompe.

Le léopard est un très bon équilibriste et il passe la plus grande partie de son temps dans les arbres. Il chasse pendant la nuit, le babouin et la gazelle sont ses proies préférées.

La girafe est l'animal le plus haut de la Terre. Du haut de ses 6 m, elle peut atteindre des feuilles d'acacias inaccessibles pour les autres animaux et joue le rôle de sentinelle de la savane pour prévenir l'arrivée des prédateurs.

Le zèbre est un petit cheval rayé qui ne s'est jamais laissé domestiquer par l'homme. Chaque zèbre a des rayures différentes, ce qui permet de l'identifier.

Le gnou fait partie de la famille des antilopes. Son apparence fait penser à un corps de gazelle surmonté d'une tête de buffle avec de fortes et larges cornes. Le gnou se déplace en troupeaux de plusieurs milliers d'animaux. Les makis sont des lémuriens, mammifères proches des singes. Ils vivent uniquement sur l'île de Madagascar, principalement dans les arbres de la forêt tropicale.

L'Océanie physique

Ayers Rock, "Uluru" pour les Aborigènes, est le plus grand monolithe* du monde (867 m d'altitude). Cette masse de grès rouge affleure en plein centre de l'Australie.

Dans le "Top End" (la fin de la fin), l'extrémité nord de l'Australie, les 13 gorges de Katherine peuvent se découvrir à pied, en canoë, par bateau ou par hélicoptère. Les parois des gorges sont couvertes de peintures* rupestres.

L'île du Nord de la Nouvelle-Zélande est parsemée de nombreux phénomènes volcaniques tel le geyser de Roturua, une source d'eau très chaude et sous pression.

À l'ouest de l'Australie, les "pinacles" sont des colonnes de grès dont la forme est le résultat du lent travail d'érosion de l'eau et du vent.

Les termites sont des insectes qui vivent en colonie comptant parfois plusieurs millions d'individus. Elles construisent alors des termitières de plusieurs mètres de haut pour abriter toute la colonie.

Map labels

Micronésie
Îles Mariannes
Saipan
Guam
Îles Yap
Fais
Ngulu
Faraulep
Elato
Satawal
Chuuk
Oroluk
Pohnpei
Ngatik
Kosrae
Îles Carolines
Chaîne de Ralik
Chaîne de Ratak
Atoll Majuro
Kapingamarangi
Butaritari
Atoll Tarawa
Tabiteuea
Nikunau
Arorae
Atoll Funafuti
Îles de l'Amirauté
Nouvelle-Guinée
Nouvelle-Irlande
Mer de Bismarck
5030M Puncak Jaya
4509M Mt Wilhelm
Nouvelle-Bretagne
Île Bougainville 2685M
Îles Salomon
Mélanésie
Lac Murray
Mer des Salomon
4073M Mont Victoria
Woodlark
2330M Guadalcanal
San Cristobal
Îles Santa Cruz
Mer d'Arafura
Île Melville
Îles Wessel
Cap York
Détroit de Torres
Mer du Timor
Île Bathurst
Golfe de Carpentarie
Péninsule du Cap York
Mer de Corail
Espíritu Santo
Vanua Levu
Golfe Joseph Bonaparte
Terre d'Arnhem
Groote Eylandt
Îles Wellesley
Récifs de la Grande Barrière
Efaté
Viti Levu
Cap Lévêque
Plateau de Kimberley
Tanna
Îles Loyauté
Ouvéa
Lifou
Îles Fidji
Bassin Nord-Ouest australien
Lac Argyle
Flinders
Nouvelle-Calédonie
1618M
Maré
Île Barrow
Plage des 80 Miles
Grand désert de Sable
Cap du Nord-Ouest
1227M Mont Bruce
Monts Macdonnell
1524M Mont Liebig
Cordillère australienne
Cap Sandy
Île Norfolk
Île Dirk Hartog
Désert de Gibson
Lac Amadeus
867M Uluru (Ayers Rock)
Désert de Simpson
Monts Grey
Plaine du Darling
Îles Lord Howe
Kermadec
Lac Barlee
Grand Désert de Victoria
Lac Eyre
Darling
Lac Torrens
Plaine de Nullarbor
Lac Gairdner
Cap Naturaliste
Cap Leeuwin
Grande Baie australienne
Golfe de Spencer
Cap Carnot
Murray
Mer de Tasman
Arch. de la Recherche
Île Kangaroo
Baie de la Rencontre
2228 M Mont Kosciuszko
Île du Nord
Baie de Plenty
OCÉAN INDIEN
Île King
Détroit de Bass
Îles Furneaux
2797M Mont Ruapehu
Détroit de Cook
Tasmanie
1573M Pic Legges
3048M Mont Stafford
Île du Sud
3764M Mont Cook
Détroit de Foreaux
Île Stewart
Îles Bounty
Îles Auckland
Îles Antipodes
Île Campbell
Île Macquarie

Îles Hawaii

Oahu Molokai
Maui ▲3055M
  4205M ▲ Hawaii

L'archipel des îles Fidji regroupe 326 îles (106 habitées) aux plages paradisiaques pour les touristes. La superficie totale de l'archipel est de 18 300 km².

Palmyra

Tabuaeran

Kiritimati

Tahiti est l'île principale de la Polynésie française (130 îles). Au centre de cette île de 30 km de diamètre*, le volcan Orohena atteint 2 241 m d'altitude.

Îles de la Ligne

Malden

Îles Phoenix

Starbuck

Nuku Hiva

Tokelau

Vostok Caroline

Flint

Îles Marquises

Hiva Oa

Wallis & Futuna

Îles Cook septentrionales

Îles Cook

Îles Samoa

Bora-Bora

Îles Tuamotu

Vava'u Niue

Îles Cook méridionales

Îles de la Société Tahiti **Polynésie française**

Îles Tongatapu

Rarotonga

Mururoa Îles Gambier Îles Pitcairn

Ducie

Oeno Henderson

Île Pitcairn

Îles Australes

OCÉAN PACIFIQUE

Rapa Îlots de Bass

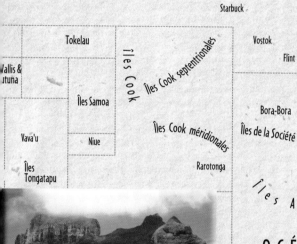

Appelée aussi "Perle du Pacifique", Bora-Bora signifie "né en premier" car c'est la plus vieille île de la Polynésie française. Elle est située à 270 km au nord-ouest de Tahiti.

Pour les Aborigènes australiens, le mont Olga représente les corps métamorphosés du kangourou et du petit hibou de nuit. Il fait partie d'un ensemble sacré appelé "Katatudja".

Îles Chatham

L'Océanie s'étend sur 8,5 millions de km² et regroupe 14 pays dont les plus grands sont l'Australie et la Nouvelle-Zélande. L'Océanie comprend également la Papouasie-Nouvelle-Guinée ainsi que de nombreux archipels* dispersés dans l'océan Pacifique.

L'Australie est tellement grande qu'elle pourrait être un continent à elle toute seule. Son relief est peu important, le sommet est au mont Kosciusko dans la cordillère australienne le long de la côte est du pays, il culmine à 2 228 mètres d'altitude. Le reste du pays est assez plat avec des reliefs se présentant le plus souvent sous la forme d'un plateau* plutôt que d'une chaîne de montagnes. L'ensemble de la côte Est bénéficie d'un climat tempéré. Tout le centre du pays subit un climat rude proche du climat désertique, le tropique du Capricorne passe au milieu de l'Australie. Seule la partie nord est couverte par un climat subtropical chaud et humide, la végétation y est plus abondante.

La Nouvelle-Zélande est l'île la plus montagneuse de l'Océanie, elle atteint son sommet au mont Cook dans l'île du Sud à 3 764 m d'altitude. Cette chaîne de montagnes est parsemée de glaciers dont le plus long descend dans la vallée sur plus de 29 km. L'activité volcanique est importante surtout dans l'île du Nord qui possède plusieurs volcans actifs et de nombreux geysers.

La Papouasie-Nouvelle-Guinée bénéficie d'un climat équatorial à subtropical, la végétation s'y développe abondamment et le centre de l'île est occupé par une importante chaîne de montagnes culminant au mont Wilhelm à 4 509 m d'altitude. Plus de 40 volcans sont actifs sur cette île.

Tout le reste de l'Océanie est formé d'îles, d'origine volcanique, ou d'atolls où la température est idéale toute l'année (25 °C) mais où les pluies sont abondantes. Un atoll est un anneau de corail qui isole de l'océan une sorte de bassin, un lagon. Très souvent une île occupe le centre de ce lagon, on parle alors de récif corallien.

Des animaux extraordinaires

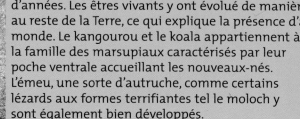

L'Australie est une île isolée de toute autre terre depuis près de 200 millions d'années. Les êtres vivants y ont évolué de manière indépendante par rapport au reste de la Terre, ce qui explique la présence d'animaux uniques au monde. Le kangourou et le koala appartiennent à la famille des marsupiaux caractérisés par leur poche ventrale accueillant les nouveaux-nés. L'émeu, une sorte d'autruche, comme certains lézards aux formes terrifiantes tel le moloch y sont également bien développés.

L'Océanie humaine

Les eaux très peu profondes des lagons du Pacifique, comme à Tahiti, obligent les pêcheurs à se déplacer sur des bateaux à fond plat. Pour éviter de se retourner, les bateaux sont équipés d'un flotteur latéral.

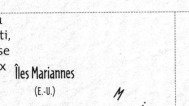

En Papouasie comme dans toute jungle tropicale, les maisons sont construites en hauteur, sur pilotis, pour se protéger des bêtes sauvages.

Le bâtiment de la mission de Waikiri sur l'île de Taveuni aux Fidji est un bon exemple d'architecture coloniale romanesque britannique. Sa localisation sur une colline lui donne une position dominante sur la plaine environnante.

Îles Mariannes (E.-U.)

Micronésie

ÎLES MARSHALL

Îles Carolines

KOROR

Pohnpei
PALIKIR

Atoll Majuro

MAJURO

PALAU

ÉTATS FÉDÉRAUX DE MICRONÉSIE

Île Howland (E.-U.)

TARAWA

YAREN
NAURU

PAPOUASIE-NOUVELLE-GUINÉE

K I R

Nouvelle-Guinée

Mélanésie

PORT
MORESBY

HONIARA

ÎLES SALOMON

FUNAFUTI

T U V A L U

Wallis-et-Futuna (FR)

ÎLES DE LA MER DE CORAIL

V A N U A T U

Efaté
PORT-VILA

SUVA

TONGA

•Darwin

Nouvelle-Calédonie
Pouébo
(FR)
Nouméa

F I D J I

NUKU'ALOFA

Wyndham

TERRITOIRES DU NORD

•Cairns

Port Hedland

Mount Isa
QUEENSLAND

Townsville

Rockhampton

AUSTRALIE OCCIDENTALE

Alice Springs

Barcaldine

Île Norfolk
(AUST.)

îles Kermadec
(N.-Z)

A U S T R A L I E

Geraldton
Mount Magnet

Brisbane
Gold Coast

Kalgoorlie

AUSTRALIE MÉRIDIONALE

NOUVELLE-GALLES DU SUD

Île Lord Howe
(AUST.)

Perth

Norseman

Port Augusta

Broken Hill

Newcastle

Ball's Pyramid
(AUST.)

Bunbury
Esperance
Albany

Ceduna

Wollongong
Albury

Sydney

Whangarei

Auckland

Port Lincoln
Adélaïde

Bendigo

CANBERRA

Hamilton

Geelong
VICTORIA
Melbourne

New Plymouth

Napier

Palmerston North

TASMANIE •Hobart

Nelson

WELLINGTON

Greymouth
Blenheim

Christchurch

NOUVELLE-ZÉLANDE

Invercargill
Dunedin

Inauguré en 1973, l'opéra de Sydney, en Australie, est l'œuvre de l'architecte danois Joern Utzon. Situé à l'entrée du port, ce bâtiment représente un coquillage, un grand voilier ou une vague selon l'imagination de chacun.

Canberra est une ville créée sur la base d'une décision politique en 1925. "ANZAC parade" est une allée de monuments en hommage aux soldats morts au combat. Elle mène au Parlement.

Située sur l'île du Nord, Wellington est la capitale de la Nouvelle-Zélande et concentre tous les bâtiments publics importants tel le Parlement.

L'île de Melville est la plus grande île australienne où vit le peuple Tiwi. Il sculpte et peint de très beaux pieux* en bois qu'il dépose sur les tombes de ses morts.

Melbourne est la capitale de l'État de Victoria en Australie. Elle a su conserver les traces de son passé colonial tout en faisant preuve de modernisme dans l'architecture des immeubles les plus récents.

(E.-U.)
Palmyra

Îles de la Ligne

B A T I

okelau
-Z.)

Samoa
Orientales
(E.-U.)

Îles Cook   (N.-Z.)

Niue
(N.-Z.)

Bora-Bora
Papeete
Tahiti
Îles de la Société

Polynésie française

(FR.)

Îles Australes

Pitcairn
(R.-U.)

Isolée à l'extrémité ouest de l'Australie, la ville de Perth dépasse le million d'habitants et le développement des richesses minières a fait apparaître de prestigieux immeubles de verre et de béton.

Les "aliki" sont les chefs traditionnels des îles de Wallis-et-Futuna. En 1842, sous la pression des missionnaires catholiques français qui s'étaient établis sur l'île, ils demandèrent à la France de les garder sous son protectorat.

L'archipel des îles Fidji comprend près de 330 îles ! L'art de la sculpture a conservé le plus grand respect de la tradition des ancêtres.

La tribu Karawari vit dans la forêt tropicale le long de la rivière Karawari, un affluent du Sepik, principal fleuve de Papouasie-Nouvelle-Guinée.

La tribu Huli vit dans les hautes montagnes de Papouasie-Nouvelle-Guinée. L'existence de cette tribu n'a été découverte que vers 1940 en raison du caractère impénétrable de la forêt.

Les 14 pays formant ce continent morcelé sont séparés par d'immenses étendues de l'océan Pacifique, ce qui rend plus difficile la création d'un sentiment d'unité politique entre ces différents pays.

La population totale de l'Océanie n'atteint pas 30 millions d'habitants et la plupart des 30 000 îles recensées* sont totalement inhabitées, soit parce qu'elles n'ont pas d'eau douce, soit parce qu'elles n'offrent pas de ressources alimentaires. Seules 4 villes dépassent 1 million d'habitants, elles sont toutes australiennes : Sydney, Melbourne, Brisbane et Perth.

Lorsque James Cook, navigateur anglais, découvrit l'Australie au XVIIe siècle, elle était peuplée de quelques milliers d'Aborigènes, installés dans ce pays depuis environ 40 000 ans. Ce peuple primitif a été marginalisé* par l'arrivée des colons* européens. Aujourd'hui, il retrouve petit à petit son identité et des Aborigènes peuvent obtenir des postes importants dans les ministères et les entreprises. Les premiers Européens à débarquer en nombre en Australie étaient des bagnards* envoyés là-bas pour les éloigner de la Grande-Bretagne. De nombreux archipels sont des États indépendants, mais la France, le Royaume-Uni, la Nouvelle-Zélande et les États-Unis possèdent encore des territoires sous forme de protectorats*.

L'anglais est la langue la plus utilisée en Océanie, mais la langue officielle de certains archipels est le français. Enfin, on estime le nombre de dialectes d'origine papou à plus de 700.

L'Australie et la Papouasie-Nouvelle-Guinée sont des pays très riches en matières* premières notamment en fer, cuivre, charbon et bauxite*, mais également en pierres précieuses et en or. La Nouvelle-Zélande est le pays du mouton, il y a 20 moutons pour un habitant. Les nombreuses îles ont plutôt développé des activités touristiques pour tirer profit de leurs plages paradisiaques et la Grande Barrière de corail, au large de l'Australie, reste le paradis des plongeurs.

Les pôles

L'Arctique

Les régions polaires au nord et au sud de la Terre sont caractérisées par la présence de grandes étendues de glace. Cependant, il existe une différence très importante entre les deux pôles, le pôle Nord est situé sur un grand océan, l'océan Arctique, gelé sous la forme de banquise* et entouré de continents. Le pôle Sud est localisé au milieu d'un continent couvert de glaciers, le continent Antarctique.

Les Inuits habitent les territoires nord canadiens. Ils vivent des ressources de la terre, de la mer et de la glace. Il sont près de 40 000 au Canada.
(On dit un "Inuk", des Inuits)

Pendant l'été arctique, la banquise fond et se casse en petits morceaux qui partent à la dérive sur l'océan. On appelle cela "la débâcle", le phénomène inverse étant "l'embâcle".

L'ours blanc est le plus grand carnassier sur Terre. Il peut mesurer 3,5 m de long et peser 600 kg. Il vit sur la banquise ou sur les terres proches du pôle. À la naissance, les oursons mesurent 25 cm et pèsent moins de 1 kg.

Les glaciers descendant des montagnes situées sur des îles arctiques, arrivent jusqu'à l'océan où ils fondent petit à petit et disparaissent au contact de l'eau.

Océan Pacifique

MER DE BERING

CERCLE POLAIRE ARCTIQUE

Alaska (E.-U.)

Détroit de Béring

Île Wrangel

MER DE SIBÉRIE ORIENTALE

FÉDÉRATION ASIE de Russie

Amérique du Nord

MER DE BEAUFORT

Mer des Tchouktches

Archipel de la Nouvelle-Sibérie

Bassin du Canada

Dorsale de Mendeleïev

Plaine abyssale de Wrangel

MER DES LAPTEV

Île Banks

Île Victoria

Canada

Îles de la Reine

+ Pôle Nord magnétique

Elizabeth

Cordillère Alpha

Bassin de Makarov

Dorsale de Lomonossov

OCÉAN

Terre du Nord

+ PÔLE NORD

ARCTIQUE

Cordillère de Nansen

Bassin de Nansen

Archipel François-Joseph

MER DE KARA

Île d'Ellesmere

Détroit de Nares

NOUVELLE-ZEMBLE

Île Blanche

Terre de Baffin

Baie de Baffin

Terre de Knud-Rasmussen

Mer de Wandel

Svalbard (Nor.)

Spitzberg

Groenland (Dan.)

MER DU GROENLAND

MER DE BARENTS

Détroit de Davis

CERCLE POLAIRE ARCTIQUE

Île Jan Mayen (Nor.)

MER DE NORVÈGE

Cap Nord

EUROPE

Détroit du Danemark

Océan Atlantique

Islande

L'Europe, l'Asie et l'Amérique du Nord entourent l'océan Arctique, grand d'environ 15 millions de km². Cet océan est gelé en permanence dans ses parties les plus proches du pôle Nord et ne dégèle que sur les bords pendant le court été arctique. À Thulé, au nord du Groenland, les températures ne dépassent 0 °C que de la mi-mai à la mi-août.

Malgré un climat extrêmement rigoureux, ces régions sont habitées par des hommes (Lapons et Inuits). Ce sont des nomades* qui vivent de la pêche, de la chasse et de l'élevage. Ils changent d'endroit au gré des déplacements des bancs de poissons, des animaux à fourrure (phoques et ours) ou des troupeaux de rennes et de caribous. Ils n'ont pas de villages et vivent dans des igloos de glace en hiver et sous des tentes en été. Cette vie traditionnelle est menacée de disparition car ces populations se sédentarisent de plus en plus.

Au nord de la Russie, de l'Alaska et du Canada, on a découvert d'importantes réserves de pétrole, de gaz naturel, de charbon et de minerais divers.

L'Antarctique

Le continent Antarctique couvre une superficie de 14 millions de km² et culmine au mont Vinson. Ce continent est presque entièrement recouvert d'une calotte* glaciaire de plusieurs milliers de mètres d'épaisseur. Par endroits, elle déborde largement sur les mers voisines sous la forme de banquise. Le pôle Sud est situé à peu près au milieu du continent et fut atteint pour la première fois par le Norvégien Amundsen en décembre 1911. Ce continent est totalement inhabité, les seuls êtres vivants à s'adapter aux rigueurs climatiques sont les manchots et les phoques. Il faut dire qu'à partir de 75° de latitude sud, les températures ne sont jamais au-dessus de 0 °C et on y a même enregistré un record de froid à −94 °C. Des hommes vivent cependant en Antarctique, il s'agit de scientifiques habitant dans des bases construites pour leur permettre de réaliser leurs expériences et observations (météorologie*, étude des glaces, zoologie*). Une dizaine de pays revendiquent des territoires en Antarctique pour y mener des recherches scientifiques, mais également pour posséder des richesses de son sous-sol (or, fer et charbon). Depuis 1961 et la signature du traité de l'Antarctique, seule la recherche scientifique est autorisée en Antarctique et toute exploitation commerciale de ses richesses est interdite.

L'avion est le meilleur moyen de ravitailler les bases scientifiques permanentes et les expéditions (sportives ou scientifiques) en Antarctique. Il est souvent équipé de skis pour pouvoir atterrir sur la glace.

Les tentes utilisées durant les expéditions en Antarctique doivent être étudiées pour résister à des vents dépassant 200 km/h. Si la tente s'envole, c'est la mort certaine qui attend les aventuriers.

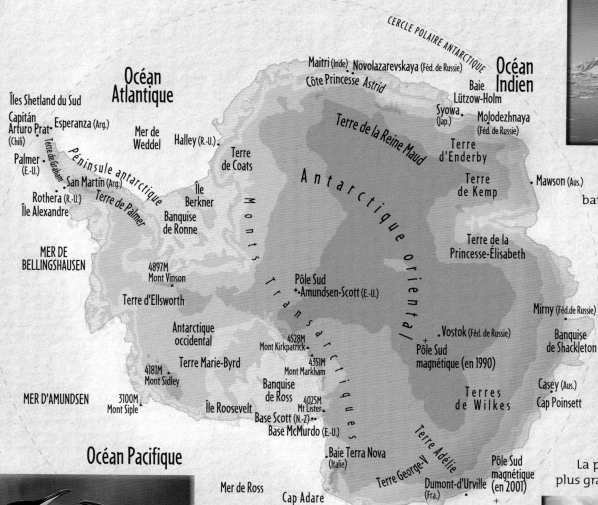

Carte de l'Antarctique :

CERCLE POLAIRE ANTARCTIQUE

Océan Atlantique

Océan Indien

Maitri (Inde) — Novolazarevskaya (Féd. de Russie)
Côte Princesse Astrid
Baie Lützow-Holm
Syowa (Jap.)
Molodezhnaya (Féd. de Russie)
Terre de la Reine Maud
Terre d'Enderby
Mawson (Aus.)
Terre de Kemp
Terre de la Princesse-Élisabeth

Îles Shetland du Sud
Capitán Arturo Prat (Chili)
Esperanza (Arg.)
Mer de Weddel
Halley (R.-U.)
Palmer (E.-U.)
Terre de Graham
San Martín (Arg.)
Rothera (R.-U.)
Île Alexandre
Péninsule antarctique
Terre de Palmer
Terre de Coats
Île Berkner
Banquise de Ronne

MER DE BELLINGSHAUSEN

Antarctique oriental
Monts Transantarctiques

4897M Mont Vinson
Terre d'Ellsworth

Pôle Sud Amundsen-Scott (E.-U.)

Antarctique occidental
4528M Mont Kirkpatrick
Pôle Sud magnétique (en 1990)
Vostok (Féd. de Russie)
Mirny (Féd. de Russie)
Banquise de Shackleton

Terre Marie-Byrd
4351M Mont Markham
4181M Mont Sidley
3100M Mont Siple
Casey (Aus.)
Cap Poinsett
Terres de Wilkes

MER D'AMUNDSEN
Île Roosevelt
Banquise de Ross
4025M Mt Lister
Base Scott (N.-Z.)
Base McMurdo (E.-U.)
Baie Terra Nova (Italie)
Terre Adélie
Terre George-V
Pôle Sud magnétique (en 2001)
Dumont-d'Urville (Fra.)

Océan Pacifique
Mer de Ross
Cap Adare

L'océan pénètre en certains endroits à l'intérieur du continent Antarctique, comme ici au passage Lemaire où les bateaux naviguent entre des montagnes atteignant 1 000 m d'altitude.

Lorsque les glaciers de l'Antarctique arrivent à l'océan, ils se brisent en morceaux gigantesques appelés « icebergs » qui partent à la dérive. La partie sous l'eau des icebergs est 4 fois plus grande que la partie au-dessus de l'eau !

Le manchot vit en colonies de plusieurs milliers d'individus. C'est un excellent nageur, qui peut plonger jusqu'à 45 m de profondeur. Le manchot empereur (photo de gauche) mesure 1,20 m tandis que le manchot d'Adélie (photo de droite) ne dépasse pas 45 cm.

GLOSSAIRE

Acide : produit agressif, qui attaque les pierres et est piquant au goût.

Archipel : ensemble d'îles regroupées.

Aride : très sec, dépourvu d'humidité.

Azote : gaz formant près de 80 % de l'atmosphère de la Terre, il est incolore et inodore.

Bagnard : prisonnier.

Banquise : étendue de mer prise par la glace de façon permanente ou pas.

Bassin d'un fleuve : ensemble des terres sur lesquelles les eaux de pluie finissent par aboutir dans le même fleuve.

Bauxite : roche rouge qui sert à la préparation de l'aluminium.

Bidonville : quartier formé de maisons précaires en tôles ondulées dans lesquelles s'entassent des populations pauvres.

Bouclier : région formée par des roches très anciennes.

Calotte glaciaire : épaisse couche de glace recouvrant l'ensemble d'une région ou d'un continent (la calotte glaciaire de l'Antarctique).

Chaîne de montagnes : ensemble de montagnes plus ou moins alignées et continues.

Cime : sommet, point le plus élevé.

Climat : ensemble de conditions météorologiques moyennes (température, pression, humidité...) d'une région, d'un pays ou d'un groupe de pays.

CO_2 (dioxyde de carbone) : gaz carbonique formant 0,03 % de l'atmosphère. Il est incolore et inodore.

Colon : personne qui s'est installée dans une colonie*.

Colonie : pays soumis à la domination d'un autre pays, plus fort et plus développé qui en tire profit.

Combustible : matière qui peut brûler en présence d'oxygène.

Confins : parties d'un territoire, d'un espace, situées à l'extrémité de celui-ci.

Conifères : arbres dont les feuilles ressemblent à des aiguilles et restent sur les branches en hiver.

Coque d'un bateau : ensemble de la structure d'un bateau en contact avec l'eau.

Corail : petit animal vivant dans les eaux chaudes et peu profondes. Les coraux (un corail, des coraux) se fixent les uns aux autres. Ils ne se déplacent pas et construisent de grands ensembles appelés "récifs" en s'accrochant à des coraux morts.

Cratère météoritique : dépression de forme ronde provoquée par la chute d'une météorite.

Débit : volume d'eau en m³ passant dans un cours d'eau en un endroit et en un temps donnés (généralement 1 seconde).

Déchet : matériau ne convenant plus à un usage quelconque et devant être évacué.

Déforestation : abattage d'arbres sur de grands espaces.

Delta : embouchure d'un fleuve en plusieurs bras souvent dans une mer avec des marées assez petites.

Démocratie : régime politique où la population dirige le pays par l'intermédiaire de représentants élus lors d'élections libres.

Démographie : science qui étudie les mouvements dans l'espace et dans le temps (croissance, décroissance) d'une population.

Démographique : relatif à la démographie*.

Dériver : bouger sans direction précise en se laissant porter par une rivière, un courant marin ou un vent.

Dialecte : variété locale ou régionale d'une langue.

Diamètre : la plus grande largeur d'un cercle.

Embouchure : endroit où un fleuve se jette dans la mer ou l'océan.

Enclave : territoire complètement entouré par un autre.

Érosion : phénomène d'usure des roches à la surface de la Terre. L'érosion peut être due à l'eau, au glacier, au vent ou à une réaction chimique.

Éruption volcanique : éjection brusque de matériaux solides, liquides ou gazeux par un cratère volcanique.

Étain : métal blanc et dur.

Ethnie : groupement naturel de personnes appartenant à une même culture, à un même espace territorial et possédant une même langue.

Évaporer (s') : se transformer en vapeur.

Faune : ensemble des animaux d'un milieu, d'une région, d'un pays, d'un continent.

Fédération : association de plusieurs États en un seul État collectif qui les domine pour une série de domaines.

Fosse océanique : zone allongée de grande profondeur océanique, parfois plus de 10 000 m.

Fusion : action de transformation d'un corps solide en corps liquide (la glace se transforme en eau au-dessus de 0 °C, par exemple).

Garrigue : en milieu méditerranéen, végétation basse de buissons épineux.

Geyser : dans certaines régions volcaniques, il s'agit d'un jet de vapeur d'eau et d'eau liquide mélangée, proche de 100 °C et qui peut dépasser 50 m de hauteur.

Gisement : accumulation naturelle dans la terre d'une substance minérale ou fossile.

Glaciation : période d'avancée des glaciers dans les vallées et des calottes* glacières des pôles vers les basses latitudes.

GLOSSAIRE

Glacier : masse de glace et de neige compactée qui descend des montagnes vers les vallées.

Gouvernement : groupe d'hommes et de femmes qui dirigent un pays et sont chargés d'exécuter les lois.

Hectare : surface équivalente à un carré de 100 m de côté.

Hévéa : arbre des régions tropicales, cultivé pour son latex avec lequel on fabrique le caoutchouc.

Humidité atmosphérique : proportion de vapeur d'eau contenue dans l'atmosphère.

Igloo : construction faite de blocs de neige.

Indépendance : moment où une population n'est plus soumise à la domination et à l'autorité d'une autre population.

Interethnique : qui concerne les relations entre les ethnies*.

Isthme : bande de terre étroite qui relie 2 terres, 2 îles ou 2 continents.

Lave : roche en fusion* provenant de l'intérieur de la Terre et éjectée par un volcan.

Lignite : combustible* proche du charbon, mais possédant moins de carbone et chauffant moins fort en produisant plus de poussière.

Mammifère : animal à sang chaud respirant par des poumons et dont les femelles possèdent des mamelles.

Maquis : en milieu méditerranéen, végétation d'arbustes au feuillage toujours vert.

Marginalisé : repoussé, mis sur le côté.

Matière première : ressource du sol ou du sous-sol qui doit être transformée pour être utilisée (ex. : fer, produit de l'agriculture...)

Météorite : masse de roches se déplaçant dans l'espace à grande vitesse.

Météorologie : science qui étudie les phénomènes se produisant dans l'atmosphère et qui permet ainsi de prévoir le temps.

Métropole : grande ville jouant un rôle de capitale d'une région.

Minerai : roche contenant un métal.

Monolithe : qui est formé par un seul bloc de pierre.

Muezzin : homme religieux musulman qui monte au sommet du minaret pour appeler les fidèles à la prière.

Nomade : personne se déplaçant au gré des saisons ou selon ses besoins et n'habitant pas toute l'année au même endroit.

Oxygène : gaz essentiel à la vie formant près de 20 % de l'atmosphère de la Terre. Il est incolore et inodore.

Parlement : assemblée élue par la population pour contrôler le travail du gouvernement et voter les lois.

Peinture rupestre : peinture exécutée sur des rochers.

Pieu : pièce de bois droite et rigide que l'on enfonce dans le sol.

Piler : réduire en poudre par des coups répétés.

Plateau : surface du sol relativement plane, d'altitude plus ou moins élevée et dans laquelle les cours d'eau ont creusé des vallées assez profondes.

Prophète : personne envoyée par Dieu pour transmettre un message aux hommes.

Protectorat : territoire protégé et administré par un autre État.

Recenser : compter un ensemble d'objets, une population.

Recyclable : que l'on peut recycler.*

Recycler : récupérer des déchets pour les utiliser dans la fabrication de nouveaux produits.

Relief : ensemble de creux et de bosses qui couvrent la surface de la Terre.

Ressuscité : fait d'être à nouveau vivant après être mort.

Rivage : bande de terre ou de sable qui marque le bord de la mer.

Secte : petit groupe de personnes qui ont une même idée ou une même pensée au sein d'une religion.

Sédentariser : action de quitter la vie nomade* pour habiter toute l'année au même endroit.

Serre : espace fermé de tous les côtés au moyen de surfaces vitrées laissant pénétrer la lumière du Soleil.

Souk : marché couvert dans une ville arabe, formé de ruelles entrelacées.

Steppe : formation végétale herbeuse ne couvrant pas complètement le sol ; elle est provoquée par une aridité trop importante.

Subsaharien : en terme de latitude, situé au sud du Sahara.

Taïga : forêt de conifères des régions froides du nord de l'Amérique du Nord, de l'Europe et de l'Asie.

Toundra : steppe des régions froides, caractérisée par l'absence d'arbres. Seuls des mousses, des bruyères et quelques buissons s'y développent.

Tradition : transmission à travers le temps, par la parole ou par des actions, des coutumes, des usages, des rites.

Végétation luxuriante : végétation qui pousse avec une abondance remarquable.

Zoologie : science qui étudie les animaux et leur comportement.

INDEX

INDEX

INDEX

INDEX

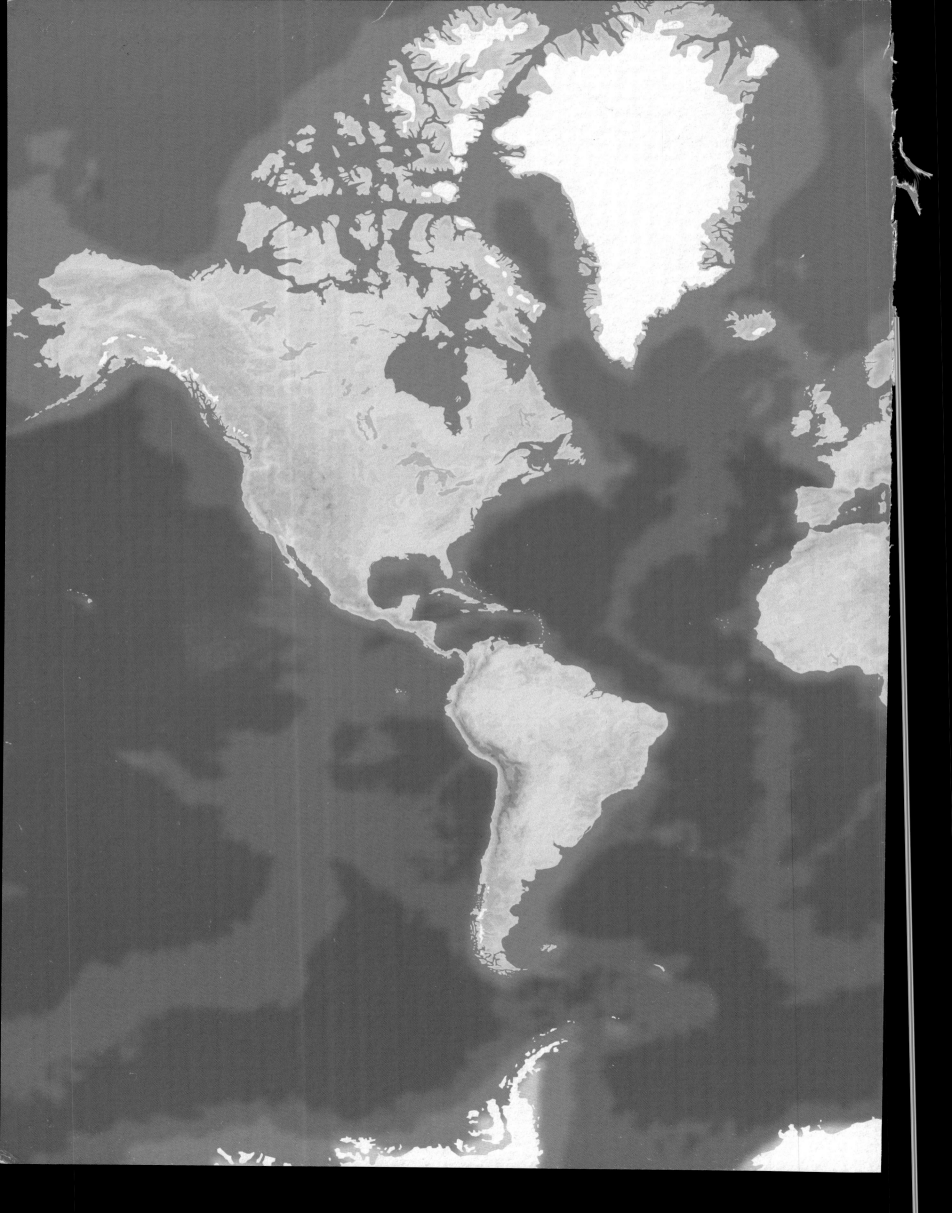